역사와 문화 도시의
시공간을 따라 걷다, 느끼다

산청의
정신문화를
찾아서

역사와 문화 도시의
시공간을 따라 걷다,
느끼다

산청의 정신문화를 찾아서

산청지역학연구회 기획·엮음

김성리 · 김명숙 · 김병직
김성애 · 김은영 · 민영인
이미란 · 최혜숙 · 황혜련 지음

알렙

노오란 송홧가루가 내려앉는 봄도 지나고 이제 여름의 초입입니다. 3년여의 길다면 길고 짧다면 짧은 산청지역학연구회의 발자국들을 이 책으로 갈무리할 수 있어 참으로 다행입니다. 산청지역학연구회는 대한민국교육부와 한국연구재단이 지원하는 인제대학교의 산청군 인문도시지원사업단이 산청의 정신문화를 찾아 널리 알리기 위해 2018년 8월에 처음 결성했습니다.

산청에서 나고 자라서 지금도 생활하는 지역민과 잠시 산청을 떠났다가 귀향한 지역민, 산청이 좋아서 제2의 고향으로 안착한 귀촌 지역민들이 함께 산청에 대해 공부하고, 직접 발품을 팔아 산청의 정신문화를 찾았습니다. 지역민의 눈으로 지역을 다시 보고, 지역민이 생각하는 산청의 오랜 정신문화를 찾아 정리했습니다. 그리고 지금까지 의식하지 못했던 산청의 아름다움과 고고함을 접하면서 힘들고 어려운 여정이었지만 우리 회원들은 모두 행복했습니다.

1장에서는 산청의 '문화와 예술'을 소개합니다. 산청에는 많은 예술인들이 산청을 문화예술의 공간으로 변화시키고 있습니다. 이 책에서는 끊어진 민족의 예술을 산청에서 이어가는 예술인과 지역민들의 일상에 스며들어 있는 문화에 대해 이야기합니다. 겨울 끄트머리에서 피어 봄이 만개하기 전에 지는 매화는 군화(郡花)인 목화와 함께 오랜 옛

날부터 지금까지 이어져 오는 산청의 정신문화를 상징합니다.

2장에서는 산청과 산청 사람들의 '역사'에 대해 이야기합니다. 선사 시대부터 이 땅에서 살아온 사람들의 흔적은 곳곳에 남아 있습니다. 어떤 곳은 보존되고 어떤 곳은 세월의 풍파를 피해 갈 수 없었지만, 산청에는 역사 이전부터 살았던 삶의 터전이 있습니다. 고대 가야의 유적들, 역사의 격랑 속에서 겪어야 했던 아픔을 고스란히 품고 있는 산청의 시간들을 건너 내일을 위해 오늘을 사는 산청 사람들의 이야기를 담았습니다.

3장에서는 산청의 '강과 마을'을 보여줍니다. 거울처럼 맑은 경호강변을 따라 형성된 마을에 얽힌 오랜 이야기들과 그곳에서 살다 간 사람들의 이야기를 강물 따라가며 만날 수 있습니다. 산청은 산으로 둘러싸인 고장입니다. 걷다 보면 나오는 산골짜기마다 켜켜이 서린 사람살이, 황매산 달빛 아래 흔들리는 억새들의 소곤거림, 강에서 튀어나오는 도깨비들이 있는 곳, 산청의 강과 마을을 사진과 함께 볼 수 있습니다.

4장 '선비 정신'에서는 산청의 선비를 만납니다. 선비들의 정신이 스며 있는 서원을 둘러보고, 제자를 양성하며 삶의 마지막을 산청에 담았던 남명 조식의 정신을 들려줍니다. 삼우당 문익점이 어렵게 가져온 목화씨를 심고 가꾸었던 곳도 산청입니다. 목화가 재배되면서 우리 선조들의 삶은 따뜻해졌었지요. 지금은 사라진, 그러나 산청 사람들에게 선명하게 남아 있는 환아정도 볼 수 있습니다.

5장 '선비 풍류'에서는 산음(山陰: 산청의 옛 지명)에 은둔하며 학문을 닦는 틈틈이 모여 소요유(逍遙遊)를 즐기던 선비들의 모습을 그려봅니다. 계곡물에 발 담그며 산청의 자연이 주는 아름다움을 바위에 새겨 넣은 각자를 읽으면 옛 선비들이 추구한 정신세계가 떠오릅니다. 선비들이 정자 기둥에 새겨 놓은 주련, 신선이 놀다 간 듯한 비경을 지닌 선유동 계곡 바위, 경호강물이 휘돌아나가는 용소 바위에 새겨진 각자에서 선비들의 모습이 보입니다.

6장은 산청의 유서 깊은 '불교의 정신과 문화'를 들려줍니다. 대원사에서 지리산의 넉넉함을 느끼고, 자연의 소리에 눈보다 귀가 먼저 열리는 내원사를 거쳐 큰 바위에 새겨진 '광제암문'이라는 글자가 절의 입구였음을 말해 주는 단속사지에서 세월의 무상함을 들을 수 있습니다. 그리고 정수산의 산그늘이 앉는 율곡사까지 절을 찾아가는 길부터 이야기는 시작합니다. 절의 역사와 전해 오는 이야기, 절 주변의 특색 있는 나무와 다양한 불교 문화를 담았습니다.

이 책이 나오기까지 많은 분들의 관심과 격려가 있었습니다. 산천각자의 원문 해석은 권유현 선생님의 저서인 『산청석각명문총람(山淸石刻銘文總覽)』에서 인용하였습니다. 산청의 문화유산을 기록하고 보존하는 데 힘을 쏟고 있는 산청문화원과 권유현 선생님의 공로가 있어서 이 책의 완성도가 높아졌습니다. 마음을 담아 특별한 감사를 드립니다. 인터뷰에 응해 주신 분들과 책의 말미를 서정적으로 갈무리할 수 있도록 기꺼이 시를 건네주신 율곡사 원담 스님께도 감사드립니다.

산청지역학연구회를 늘 격려해 주시며 자문을 맡아주신 남명진흥재단 조종명 이사님, 산청문화원 반해경 이사님, 합천박물관 조원영 관장님, 인제대학교 인문도시지원사업단 연구원이자 경상대학교 박물관 학예연구사인 송영진 선생님께도 감사드립니다. 이 모든 일들은 한국연구재단 인문사회학술지원팀과 인제대학교 산학협력단, 그리고 산청군의 지원이 없었더라면 불가능했을 것입니다. 서투른 원고를 아름답게 만들어준 알렙의 모든 분께도 각별한 감사를 드립니다.

　이 책에는 3년의 시간을 함께하며, 많은 어려움을 헤쳐 온 산청지역학연구회원님들의 노고가 스며 있습니다. 공부하고, 토론하고, 탐방하고, 글을 쓰는 과정 동안 우리가 했던 많은 일들과 고생담은 이제 이 책으로 빛을 발할 것입니다. 김명숙, 김성리, 김성애, 김은영, 민영인, 이미란, 최혜숙, 황혜련 연구회원님들이 글을 쓰고 서로의 생각을 공유했습니다. 김병직 연구회원님은 3년 내내 모든 과정을 함께하며 사진을 찍고 순간을 보존했습니다.

　이 책이 산청의 정신문화를 알리고, 산청의 미래에 작은 도움이 되기를 우리 산청지역학연구회원들은 희망합니다. 역사의 굴곡 속에서도 꿋꿋하게 산청을 지켜온 것은 '항거와 치유'의 정신입니다. 산청에서 길을 만들며 먼저 걸어간 이들의 발자취에서 항거의 정신을 찾고, 비극의 현장을 치유의 산하로 변화시키는 산청 정신의 힘을 이 책에서 읽어주시기를 바랍니다.

2021년 6월에 김성리가 씁니다

목차

 1장

산청에서
삶의 아름다움을
만나다

——

문화와 예술

남사예담촌에서 옛 향기를 느끼다

남사예담촌 / 원정매 / 사양정사 / 이사재

산청에는 '한국에서 가장 아름다운 마을 1호'인 남사예담촌이 있다. 남사예담촌은 단성IC를 나와 오른쪽 길로 접어들어 3킬로미터 정도 거리에 있다. 마을 근처에 이르면 딸기를 재배하는 비닐하우스들이 먼저 눈에 들어오는데, 옛 담과는 이질적인 풍경이다. 마을로 들어서면 오른쪽에 주차장이 있어 대부분의 마을 방문자는 이곳에 주차한다. 차에서 내리면 마을회관 앞쪽에 '한국에서 가장 아름다운 마을 1호'라는 커다란 간판을 만날 수 있다. 주차장 오른쪽에는 마을 전체 지도가 있어 낯선 방문자들은 이 지도를 보고 동선을 정한 후에 느리게 걸으면 고가와 예스러운 담들의 풍경을 보느라 시간 가는 줄 모르게 될 것이다.

남사예담촌은 '옛 담장이 아름다운 남사마을'이라는 뜻으로, 담장은 2006년에 국가등록문화재로 지정되어 관리되고 있다. 남사는 전통적인 사대부 마을로, 많은 선비가 배출되고 과거에 급제해 가문을 빛낸 이들

남사예담촌 돌담길을 따라가면 고택과 고목을 만난다.

이 많은 학문의 마을이다. 마을을 감싸고 있는 산의 이름을 공자가 태어난 중국 곡부(曲阜)의 니구산(尼丘山)과 같은 이름으로 짓고, 마을을 돌아나가는 하천도 사수(泗水)라 붙인 것에서 학문적 전통에 대한 남사마을의 자부심을 엿볼 수 있다. 이씨, 최씨, 하씨, 박씨, 정씨 등 다섯 가문을 중심으로 마을이 형성되어 있으며, 고택마다 문중을 대표하는 매화가 한 그루씩 있다. 하지만 일반적으로 알려진 것은 '산청 삼매'로 불리는 산천재의 '남명매', 남사예담촌의 '원정매', 단속사지에 있는 '정당매'이다.

주차장에서 큰 도로를 뒤로하고 오른쪽으로 나 있는 흙길을 따라 골

연일 정씨의 재실이자 교육장이었던 사양정사.

목 안으로 들어가면 골목 막다른 지점에 사양정사(泗陽精舍)가 있다. 이곳은 정몽주(鄭夢周, 1337-1392)의 후손인 정제용을 추모하기 위하여 그의 아들과 손자가 1920년에 지었다. 마을 뒤편을 흐르는 강인 '사수의 남쪽에 있는 학문을 연마하는 집'이란 뜻으로 '사양정사'라 했다. 먼저 대문채가 장대하여 방문객을 압도한다. 네 칸을 광으로 쓰는 일곱 칸 규모의 대문채에는 충절을 상징하는 홍살을 넣은 솟을대문을 달아 풍부한 경제력과 품격을 높였다. 본채는 정면 일곱 칸, 측면 두 칸의 팔작지붕 집으로, 천장이 높고 부재가 튼실하며 특이하게 둥근기둥이 받치고 있다. 둥근기둥은 조선 시대 중반까지는 궁궐이나 왕이 하사한 건축물에만 쓰일 수 있었으나, 이 집이 건축된 시점은 일제 강점기인 1920년대라 그러한 원칙이 엄격하게 지켜지지 않았을 것이다.

정원을 돌아보고 나오기 전 유심히 본다면 담의 높이도 다른 걸 알 수 있다. 겨울의 차가운 바람을 막기 위하여 안채의 오른쪽 담장을 높게 만들었다. 매화를 찾으려면 뒤편에 있는 선명당(善鳴堂)으로 가야 한다. 양쪽으로 뻗은 가지에서 또 두 개의 가지로 갈라지는 절묘함이 그림 같은 나무가 일명 '정씨매'이다. 이른 것은 홍매의 자태를 뽐내고 있고 조금 느린 것은 붉은 망울을 달고 있는 조화가 참으로 수줍은 듯 고와 선명당의 깔끔한 자태와도 잘 어울린다. 마당에는 130년 된 배롱나무가 있다. 100일 동안 꽃이 번갈아 피고 져서 백일홍으로도 불리는 나무인데, 선비의 학문과 조상의 은덕이 거듭되기를 바라는 마음으로 심은 것으로 전해진다. 사양정사의 곳간은 이 배롱나무에 꽃이 필 때면 활짝 열려 마을의 어려운 이들을 도왔다.

사양정사 솟을대문에서 왔던 길을 돌아 주차장에서 원지 방향으로 몇 걸음 가다 왼쪽 첫 번째 작은 길로 살짝 들어가면 매화집이라는 표식이 있다. 원정공(元正公) 하즙(河楫, 1303-1380)이 심어 두고 보았다는 '원정매'가 있는 고택이다. '원정구려(元正舊廬)'라는 현판을 달고 있는 소박한 사랑채 앞에 있는 원정매는 꽃이 겹으로 피는 홍매이다. 원정매 곁에는 원정공이 사랑방 앞에서 매화를 보며 지은 「영매시(詠梅詩)」가 새겨진 매화시비가 있다.

舍北曾栽獨樹梅　　집 양지 일찍 심은 한 그루 매화

臘天芳艶爲吾開　　찬 겨울 꽃망울 나를 위해 열었네

하씨고가 대문 안쪽에 심은 원정매.

감을 좋아하는 어머니를 위해 하연이 심은 수령 600여 년 된 감나무

明窓讀易焚香坐　　밝은 창에 글 읽으며 향 피우고 앉았으니

未有塵埃一點來　　한 점 티끌도 오는 것이 없어라

—하즙, 「영매시」[1]

원정공이 심어 두고 보았다니 나이가 650년은 훌쩍 넘었다. 지금은 원줄기가 죽고 옆으로 난 손자 나무가 꽃을 피우지만 살아 있을 때는 천연기념물이었다. 고사 후 천연기념물에서 해제되었다니 안타깝지만 그래도 원줄기를 다 베어 내지 않아 가운데 큰 기둥이 그대로 자리 잡고 있으면서 다섯 개의 줄기가 뻗어나간 모습이다. 역사를 간직하고 있는 모습에서 인간의 모습과 닮았다는 생각을 해본다.

고택 뒤로 넓게 펼쳐진 감나무밭 한쪽 끝에는 600여 년 된 감나무가 있다. 산청 곶감의 원종으로 매년 산청 곶감 축제가 열리기 전날에는 마을 어르신들이 이 감나무 앞에서 제를 올린다. 이 오래된 감나무는 고려 말기의 문신인 원정공 하즙의 손자인 하연이 어머니를 위해 심은 나무라 효자나무라는 별명이 붙어 있다. 나무의 아랫부분을 보면 오래 살아온 세월의 흔적이 마치 평생 농사만 지으신 어머니들의 터실터실한 손처럼 굵고 거칠다.

이곳 하씨고가는 동학농민운동 당시 소실되어 하즙의 후손인 하철이 새로 지은 집으로, 마루에는 원정공이 살던 옛집이란 의미로 대원군이 써준 '元正舊廬(원정구려)'라는 현판이 걸려 있다. 터는 감나무밭을 포함해 굉장히 넓으나 집은 생각보다는 소박하고 매화집이라는 조그만

---

1) 최초의 번역문은 확인할 수 없으나, 매화나무 아래 표지석에 원문과 번역문이 새겨져 있다.

간판이 걸려 있는 대문간도 1982년에 지었다. 평소에는 문을 닫아 두지만 매화가 피는 시기에는 상춘객을 위해서 대문을 열어 준다. 주인장 없는 툇마루에 잠시 앉아 살금살금 내리는 봄비 아래에서 보는 매화는 더 환한 분홍빛 향기를 내어준다.

하씨고가에서 도로를 따라 덕산 방향으로 잠시 걸어가면 남사마을의 상징인 회화나무를 만날 수 있다. 곧게 뻗어 자라는 회화나무의 성질을 이겨내고 어찌 이리 얽혀 서로를 보듬고 있는지 신기할 따름이다. 이 회화나무는 부부나무로도 불리는데 부부가 손을 잡고 그 아래를 걸어가면 백년해로한다는 전설이 있다.

이씨고가와 부부나무를 뒤로하고 나와서 다시 덕산 방향으로 길을 잡으면, 예담 방앗간과 예담촌 식당을 지나 남사마을을 품에 안고 한 바퀴 돌아나가는 사수천을 만나게 된다. 사수천 건너편 돌 언덕 위에 작은 재실이 하나 보이는데, 밀양 박씨가 문중 제사를 지내는 이사재(尼泗齋)이다. 16세기 중반 호조판서를 지낸 송월당(松月堂) 박호원(朴好元, 1527-?)이 학문을 가르치던 강학당이었다가 1857년 박호원의 제사를 지내는 재실로 바뀌었다. 돌계단을 올라 문간에 들어서니 툇마루에 앉고 싶은 마음부터 들었다. 그런데 이 집 툇마루가 조금 특이하다. 툇마루에 오르기 편하게 낮은 난간을 만들어 두었다. 한 번에 오르기 힘든 이를 위한 배려의 마음이 느껴진다. 툇마루에 앉으면 먼저 남사마을 전체가 한눈에 들어온다. 기와들이 도란도란 모여 있는 마을을 보니 긴 세월 많은 이야기를 품고 있을 것 같다.

그 많은 이야기를 홀로 지켜봤을 매화가 대문 오른편에 홀로 외로이 서 있다. 박씨매라 불리는 이 나무는 가는 편이나 수피의 상태로 보아

사수 건너편에 위치한 이사재는 밀양 박씨의 재실이다.

나이는 상당해 보인다. 재실을 지은 지 160년이 되었다니 매화의 나이
도 그쯤 되지 않았을까 짐작한다. 이른 봄 여릿한 연분홍 꽃망울을 맺
는 매화는 외로이 홀로 있어도 향기는 그윽하다. 이 재실이 높은 곳에
있다 보니 정원이 담을 따라 좁고 길게 만들어져 있고, 건물 오른쪽, 정
원 끄트머리에는 네모난 작은 연못이 있다. 그 연못 옆에는 200년 된 배
롱나무가 있는데 자세히 보면 연리지가 많다. 서로 엉켜 있다가 한 가
지가 된 것으로, 이 연리지를 보는 연인은 결혼하여 행복하게 잘 산다
는 이야기가 전해진다고 안내판에 쓰여 있다. 봄이 오는 길목에 남사마
을로 오면 이야기를 품은 나무들을 만날 수 있다.

신명으로 풀어내고 달래는
민족정신의 마당

기산 박헌봉 / 기산국악당 / 대숲공연장

남사마을에서 이사교 다리 건너편으로 멀찍이 당산을 두르고 앞으로
남사천을 바라보면 당당히 자리한 큰 기와집이 보이는데, 이곳이 기산
국악당이다. 왼쪽 정문을 통해 안으로 들어서면 드넓은 마당을 중심에
두고 품격 있는 한옥 세 채가 'ㄷ'자로 서 있다. 마치 두 팔을 벌려 넓은
가슴을 내주듯 민족의 얼을 보듬어 안은 기산 선생의 인품을 연상케 한다.

마당 끝 빗물이 떨어지는 처마 밑에서 바라본 기산국악당은 선생의 생
가터를 중심으로 총 1,200평의 부지에 기산관, 기념관, 교육관 각 40평
의 한옥 세 채와 옥외공연장 등의 시설을 갖추었다. 기산관 앞에 마련
된 무대와 넓은 마당에서는 전통 무용과 농악을 주로 공연한다. 판소
리, 민요 그리고 악기 연주는 건물 뒤편 언덕의 대숲공연장을 이용한
다. 빛의 방향을 세심히 살펴 대나무를 하나하나 손수 자르고 다듬어
만든 무대로, 자연이 주는 멋스러움과 독특한 분위기를 연출한다.

기산국악당에는 지역사회와 함께하는 축제를 비롯해 다양하고 수준 있는 국악 공연으로 연중 볼거리가 가득하다. 벌써 올해로 14회가 되는 기산국악제전은 매년 9월에 산청한방약초축제와 더불어 열리며, 전국의 국악 전공자들이 펼치는 경연대회로 국악계에서는 손꼽히는 대회이다. 이틀에 걸쳐 열리는 기산국악제전은 첫째 날 저녁에는 국악한마당의 신명 나고 화려한 공연을 시작으로 박헌봉국악상 시상식도 함께한다. 둘째 날에는 예선을 거쳐 본선 무대에 오른 국악 전공자들이 각 분야별로 한 무대에서 열띤 경연을 한다. 그리고 이 모든 일정이 공개로 열리므로 다양한 분야의 국악을 한 자리에서 즐길 수 있는 흥겨운 축제의 마당이 된다.

또한 5월부터 11월까지는 토요일마다 국악당 무대와 대숲공연장에서 상설 공연이 열린다. 2019년에 열린 토요상설공연에는 젊은 국악인들의 독창적인 퓨전 국악을 비롯해서 요즘 쉽게 접할 수 없는 줄타기와 판굿 등 다채로운 공연으로 많은 관객들의 호응을 얻었다. 이와 같이 기산국악당에서 열리는 공연과 제전은 국악의 대중화와 세대 공감, 소통이라는 큰 역할을 하고 있다.

기산(岐山) 박헌봉(朴憲鳳, 1907-1977)은 국악 이론가이며 교육자로서 우리나라의 국악이 지금에 이르게 한 큰 스승이자 선구자이다. 경상남도 산청군 단성면 사월리에서 태어나 진주 음률연구회(1934년)를 조직하고, 이후 정악견습소, 조선 성악연구회, 조선가무연구회에서 민속악에 대한 다양한 연구를 남겼다. 그리고 1960년 민속악 교육의 필요성을 느끼고 최초의 사립 국악 교육기관인 국악예술학교를 설립하여 초대 교장을 맡았다. 또한 한국국악협회 이사장, 문화재위원회 위원을 역

———

대나무 사이로 비껴 들어오는 햇빛이 한층 분위기를 돋우는 대숲공연장.

임하면서 『창악대강(唱樂大綱)』을 후세에 남겼다. 『창악대강』은 국악의 경전이라 불리며 '서울시 출판문화상'과 국민훈장 동백장을 수상하는 등 당시 국악계와 국문학계에서 호평을 받았다. 『창악대강』은 기산이 타계한 이후 절판되었으나, 국악계에서는 그 가치를 아직도 높게 평가하고 있다.

엄격한 유교 집안인 밀양 박씨 박성호의 차남인 박헌봉은 어린 시절 밀양 박씨 재실이자 학당인 망추정에서 한학을 공부하다 처음 민속악을 접하고 민속악에 대한 열정이 마음속에 싹트기 시작했다. 열여섯에 상경하여 한성강습소를 거쳐 중동중학교 고등과를 졸업하고 고향으로 돌아왔다. 그 후 집안의 거센 반대에도 불구하고 우리 민족 고유의 예술인 민속악 연구를 위해 진주를 왕래하며 가야금과 판소리를 배우고 민요 가사를 연구했다. 또한 반상의 계급을 뛰어넘어 광대들과 어울리며 민속음악을 경험하는 등의 행보로 인해 집안에서 쫓겨나기까지 하지만 박헌봉은 국악에 대한 열정을 멈추지 않았다.

박헌봉은 일제의 민속음악 탄압에 잠시 좌절한 시기도 있었지만 계속해서 판소리와 가사를 연구하며 와전되어 오던 부분을 바로잡는 일과 가야금과 창 공부에 매진했다. 그러나 국악의 학문적인 한계에 부딪히게 되자 더 깊은 공부를 위해 다시 상경했다. 1936년 정악견습소에 들어가 정악을 연구하고, 조선성악연구회에 입회하여 창을 연구하고, 조선가무연구회에서는 지방의 가무를 연구했다. 4년에 걸쳐 정악, 아악, 민속악, 가무 등 민속예술 전반을 연구한 뒤 이러한 연구 자료를 토대로 『창악대강』의 집필을 시작했다.

1941년에는 양악부와 일본음악부밖에 없던 조선음악회 산하에 조선

음악부를 새로 조직하여 남도 지방 공연을 위한 음악단과 서도 지방을 위한 가무단을 결성하기도 했다. 일제에서 독립이 된 후에는 민속음악인의 대동단결을 이루고자 국악건설본부를 창설하였으며 우리 민속음악을 천시 여기던 잘못된 인식을 깨우치고 민속음악의 격상을 위해 '국악'이라는 어휘를 처음 사용했다. 뿐만 아니라 여러 활동과 단체를 통해 해방 후 국악 중흥 운동에 앞장서 민속음악의 선구자 역할을 했다.

박헌봉의 삶을 살펴보면 한 사람의 열정과 우직함이 남긴 모든 것이 국악이라는 분야를 넘어 하나같이 민족정신에 대한 깊은 사랑임을 알 수 있다. 그런데 혹시 우리는 국악을 그저 고리타분한 옛 어른들의 놀

본채인 기산관 뒤편에 있는 타악기로 연주 체험을 할 수 있다.

———

이로 치부하거나 전문가가 할 수 있는 어려운 문화로 여기며 삶의 한구석에 밀쳐두고 살아가는 건 아닐까? 서양 음계는 누구나 알고 생활 속에 넓은 자리를 내주면서도 정작 국악 음계의 높낮이나 소리는 얼마나 알고 사용하고 있는지 또한 국악기에 대한 관심은 얼마나 있는지 생각해 볼 일이다.

누구나 기회가 된다면 꼭 기산국악당을 찾아 신명으로 한을 풀어 내고 영혼을 달래 주는 국악에 한번 빠져 보고, 대숲 감성 공연으로 힐링의 시간도 가져 보길 바란다. 장담컨대 국악에 대한 사랑과 자부심이 내면 깊숙한 곳에서 일어날 것이다. 국악당을 나서면서 돌아보면 용마루 위로 기산의 모습이 보이는 듯하다. 가치와 격은 누가 만들어 주는 것이 아니라 스스로 만드는 것이라는 것을 느꼈다. 오늘날 우리의 자리에서 후대에 이르기까지 국악의 숨결이 삶의 자리를 차지하기 위해서는 국악에 대한 우리의 작은 관심과 사랑이 끊임없이 이어져야 하며, 바로 이것이 민족정신에 대한 사랑임을 기산은 말해 주는 듯하다.

시간의 흐름 속에 숨쉬는 예술혼

민영기 도예가 / 산청요 / 분청사기

산청에는 민족의 혼을 손끝에서 재현하는 예술가가 산다. 진주에서 산청읍으로 오는 3번 국도에서 원지를 지나 수산교를 건너면 오른쪽으로 수산마을이 있다. 그 마을을 돌아 시골길을 가면 산청요(山淸窯)가 나온다. 웅석봉 아래 경호강가에 있는 산청요에서는 임진왜란 이후 맥이 끊긴 우리의 분청사기가 만들어지고 있다. 분청사기는 회색 또는 회흑색의 태토(胎土) 위에 정선된 백토로 표면을 분장한 뒤에 유약(釉藥)을 씌워 환원염(還元焰: 외부의 공기를 차단하여 내부의 산소를 모두 태우는 불)에서 구운 조선 초기의 도자기로, 분장회청사기(粉粧灰靑沙器)의 준말이다. 다양한 분장 기법이 있어 조선 시대에는 무늬를 나타내는 수단이기도 했다. 특히 분청사기의 무늬는 활달하고 민예적인 것이 특색이라 우리의 일상과 낯설지 않고 친숙하다는 장점이 있다.

임진왜란 때 일본이 조선의 도공을 모두 데려가면서 분청의 맥이 끊겼다. 오랜 세월 우리 것인지도 모른 채 잊힌 분청사기는 한 사람의 집념에 의해 다시 살아났고, 산청요에서 그 숨결을 흙에 불어넣고 있다. 단성면 수산마을에 있는 산청요는 널찍한 부지에 시간의 흐름을 가늠할 수 있는 소나무 정원을 중심으로 주거 공간인 단아한 한옥 건물과 1층은 전시실과 작업장, 2층은 체험관으로 활용하고 있는 2층의 현대식 건물, 그리고 얼마 전에 문을 연 카페로 구성되어 있다.

산청요 입구의 오른쪽 아래를 자세히 보면 평소에는 비바람을 피하기 위해 덮어 둔 장작가마가 있다. 현대식 불가마가 아니고 민영기 도예가가 흙으로 직접 만든 전통 장작가마이다. 한 번 불을 지피면 밤낮으로 불을 지키며 흙을 도자기로 만들어 내는 민영기는 1973년에 우리나라의 전통 도자기 기술 환원이라는 목표로 일본에 국가장학생으로 떠났다가 5년 후 귀국하여 산청에 터를 잡았다. 지금의 수산교가 1983년에 가설되었으니 산청요가 들어서던 그 당시는 나룻배로 강을 건너다녀야 했다. 차도 들어오지 못하는 오지였던 이곳에 자리를 잡은 이유는 한국에서는 맥이 끊어진 분청사기를 재현하겠다는 신념 때문이었다.

산청요는 임진왜란 당시 도공들이 일본으로 모두 끌려가면서 분청사기의 맥이 끊어지기 이전인 15-16세기까지 도요지였다. 산청요에 장작가마를 만들고 "좋은 찻사발을 만들다가 죽어도 좋다"는 각오로 매일을 지낼 만큼 이 땅에서 사라진 분청사기의 재현에 대한 의지가 강했다. 그 이면에는 "일본 사람이 못 만드는 그릇을 만들어 일본의 기를 꺾어 보고 싶은 한국인의 자존심이 있었다." 민영기는 무념무상의 마음으로 도자기를 빚어야 하고, 그렇게 만들어진 사발을 놓고 봐서 마음이 편안

산청에 들어오며 지었다는 주거용 한옥 건물.

장작가마.

하면 그게 우리 선조들이 빚은 사발의 정신이라고 말한다.

민영기는 1978년 8월 어느 여름날 천혜의 도자기 요새에 터를 만들고, 손과 불과 흙의 예술이 자연처럼 펼쳐지기를 바랐다. 마음을 비우고 물레를 돌리며 가마에 장작을 지피고, 백토를 숙성시키며 산청요를 지켰다. 더할 것도 뺄 것도 없이 전통의 맥을 이어 가기 위해 숙명으로 받아들인 시간이 어느덧 10년이 흐르고, 1990년 도쿄의 주일한국대사관 문화원의 합동전시회에 참가하게 되었다. 당시 도쿄국립박물관 도예실장이던 하야시아 세이조의 "만약 민영기가 일본인이 못 만드는 찻사발을 만들면 도쿄에서 전시회를 열어 주겠다"는 말에 일본의 도예가들이 만들지 못하는 사발을 기필코 만들어서 일본 사람들의 기를 꺾고 역시 한국 사람이 대단하다는 이야기를 듣고 싶다는 다짐을 했다.

민영기의 내면에 흐르는 민족적 자긍심은 비록 우리 분청의 맥이 끊겨 일본으로 배우러 갔지만 우리의 사발과 분청에는 우리의 혼과 기(氣)가 들어 있기 때문에 우리만이 만들 수 있다는 신념이었다. 분청에 혼을 쏟아부은 지 23년 만에 일본에서 첫 사발 선시회를 열었고, '일본에서는 이렇게 만들 수 있는 사람이 없다'는 호평을 받았다. 민영기는 "분청은 내면의 미(美)로, 기법이 아니라 정신이다"는 말로 분청의 미와 정신을 표현한다.

자신도 도자기를 배우며 스승에게 "정신이 무엇입니까"라고 물었더니 "모른다"는 대답을 들었을 정도로 말로는 표현할 수 없는 신비스러움이다. 민영기는 분청의 정신과 미를 알려면 '종이 한 장만큼 높이고, 종이 두 장만큼 낮추는' 세밀함이 있어야 하는 고된 작업 끝에야 비로소 알 수 있었다고 한다. 흙에서 나오는 자연스러움을 문양, 형태, 질감

분청사기를 빚는 민영기 도예가.

으로 표현하는데, 만약 내면의 미가 없다면 쉽게 싫증이 난다. 피카소
의 그림이 관념의 파괴라면 우리 전통의 분청은 탈속으로 신의 경지에
오른 것이라고 도예가는 말한다.

　분청사기는 고려 말기에 청자에서 변모 발전하여 조선초 태종 때부
터 유행하기 시작해 15-16세기까지 약 200년간 제작되었다. 분장 기법
도 발달하여 일정한 무늬를 도장과 같이 만들어 그릇 표면에 찍은 뒤
백토분장(白土粉粧)하는 인화(印花), 무늬를 선이나 면으로 파고 백토
를 박아 넣은 상감(象嵌), 백토분장 뒤에 오목새김의 선무늬를 나타내
는 음각(陰刻), 무늬의 배경을 긁어 내어 하얗게 무늬만 남기는 박지(剝

地), 분장한 후에 철사(鐵砂) 안료로 그림을 그리는 철화(鐵畵), 귀얄이라는 시문(施文) 도구를 이용하여 백토분장하여 나타나는 귀얄, 백토물에 그릇을 덤벙 넣어 분장하는 덤벙 기법 등으로 발달했다.

우리는 안타깝게도 현실적인 문제 탓에 많은 분야에서 어느 순간 전통의 맥이 끊겨 버리는 현상을 쉽게 볼 수 있다. 민영기도 어렵게 재현한 분청사기의 맥을 어떻게 잘 이어 갈 수 있을지 늘 염려한다. 민영기는 솔직히 도예를 직업으로 권하고 싶지 않다는 속내를 여러 번 밝혔다. 배우고 익히는 작업이 힘든 것도 있지만 당당한 예술가로 인정받기까지는 보통 사람들은 상상할 수 없을 정도의 인내와 노력이 필요하기 때문이다. 더욱이 자본주의의 현실에서는 모든 가치를 물질적 잣대로 평가하기에 더욱 그러하다.

이 문제에서 그나마 다행이라고 여긴 것은 대학과 대학원에서 도예를 전공하고 17년 전 아버지를 스승으로 삼은 자제가 분청의 맥을 이어 가고 있다는 점이다. 산청군 단성면 방목리 산청요에는 온 정신을 다하여 혼을 불어넣어야 비로소 생명을 가지는 분청사기를 만들며, 끊어진 정신 역사의 다리를 이어 가는 민영기가 산다.

지금 여기에서 전통의 멋을 이어 가다

김동귀 소목장 / 웅석공방 / 색동목

산청요를 나와 왔던 길로 되돌아 수산교를 지나 산청읍 방향으로 가다
가 새고개를 넘으면 어천교가 있다. 어천교를 지나 강을 따라가면 웅석
산 자락 아래에 단성면 방목리 어천마을이 나온다. 경호강을 건너 어천
마을 입구에 있는 백두대간 들머리라고 쓰인 돌간판을 지나 50미터쯤
가면 웅석공방이라고 쓰여 있는 둥그렇고 검은 나무간판을 볼 수 있다.
백두대간은 백두산에서 시작하여 금강산·설악산·태백산·소백산을 거
쳐 지리산으로 이어지는 큰 산줄기를 말하는데, 지리산의 웅석봉이 그
첫 들머리가 되는 것이다. 웅석공방의 왼쪽은 작업 공간, 오른쪽은 전
시 공간으로 쓰이는 건물이 있고, 안쪽으로는 가족과 함께 거주하는 어
천 계곡의 물고기를 형상화한 주택이 잘 어우러져 있다.

　김동귀 소목장은 목공예 무형문화재 중에서도 목상감 분야의 장인이
다. 목상감은 도자기의 상감 기법처럼 나무 표면을 음각한 후 그곳에다

작품을 설명하는 김동귀 소목장.

다른 색감의 나무를 깎아 끼워 맞추는 기법이다. 김동귀는 1990년 지역에서는 최초로 이곳에 실험적인 목공방을 만들어 유럽이나 미국의 작가들과 워크숍을 열기도 하고, 예비 작가들의 강의 장소로도 활용해 왔다. 소목은 주로 집안에 들어가는 가구이다. 소목 제작 연구를 위한 작업장 안에는 여러 고가구와 오래된 나무들이 쌓여 있다. 수십 년 동안의 작업을 이어 온 현장 앞에서 작가는 500년 키운 나무로 만든 고가구들이 대부분 전쟁을 겪으며 소실되어 현재는 남아 있는 것이 거의 없다고 안타까워한다.

김동귀가 말하는 목수는 나무를 볼 줄 아는 것이 기본이므로 수피를 보고 나이테를 읽어 내야 하고, 무엇을 만들 것이라는 판단 아래 토막을 내고 켜야 한다. 건조 과정에서도 내·외부 습도를 알맞게 다스려야 하는데, 좋은 재료의 80퍼센트는 자연이 만들며 20퍼센트는 목수의 몫이다. 목수의 몫이 잘 드러나는 작품들은 전시실 안에 가득하다. 일일이 손으로 짜 맞추어 만든 장에 먹감나무가 만들어 낸 색은 수묵화로 그린 그림 같기도 하다. 단순한 가구가 아니라 그림 같은 작품이다. 그 옆으로는 40주년 회고전을 위해 작업한 반닫이들이 놓여 있다. 고가구의 형태를 하고 있으나 흑칠, 옻칠 또는 주칠을 한 반닫이들은 현대의 주택이 과거의 전통을 조화롭게 품게 할 것이다. 새로운 소목 가구를 창조하는 그 바탕에는 대대로 내려오는 우리 전통을 지키고 발전시키고자 하는 소목장의 마음이 있다.

2전시실에는 점 하나가 모여 수십만 개의 퍼즐로 짜 맞춘 듯한 테이블과 의자가 있다. 앞서 본 1전시실의 작품들은 전통적인 느낌이 강했다면, 2전시실의 작품들은 뱀피와 악어피를 모티프로 한 패턴을 연구하여 현대화하는 작업들이 주류다. 한 걸음 더 나아가 자연으로부터 받은 영감을 나무에 입혀 공간 제한을 받는 공예인 가구를 그림이나 조각처럼 시각화하는 조형 작업을 시도했는데, 색동목이 그것이다. 나무의 나이테 사이에 들어가는 색을 오방색으로 만들어 색동목을 창조해 냈다. 색동목은 조형 작업을 마치면 마치 뱀피 같은 문양으로 변하기도 하고, 파도 같은 문양을 내기도 한다.

김동귀는 어느 날 길을 가다가 우연히 산을 깎아 놓은 단면에 나타난 지층의 곡선을 보고 나무도 곡선으로 만들고 싶다는 열망을 품었다. 비 맞은 책이 우글거리며 마르는 것을 보고는 나무의 숨어 있는 성질을 알게 되었다. 나무를 얇게 저며 서로 결합하고 열과 습도를 조절해 나무

목상감과 색동목 등을 활용한 소목 작품.

김동귀 소목장이 작품을 만들 때 사용하는 공구들.

를 곡선으로 만들어 단면 모양이 나오도록 자르면 자연스러운 나이테 모양이 나온다. 그리고 나무에 각각 다른 색상의 패턴을 넣어 다양한 색상이 조화를 이루는 색동 기법을 완성했다.

나무가 성장하며 잎이 돋고 꽃이 피고 열매를 맺고 잎이 떨어지는 시간 동안 나무의 속살은 그대로다. 목수의 눈에 들기까지 군소리 없이 묵묵히 500년을 지켜 온 나무의 속살에게 색동을 입혀 외출을 시켜 보자는 의도로 색동목을 개발했다. 색동목은 20년 동안 수많은 시행착오를 겪은 뒤에야 완성했다. 이것을 부가가치가 높은 주얼리 소재로 개발하기도 하고, 인테리어 소품, 가구, 회화적 소재로도 이끌어 냈다. 테이블과 의자 세트는 이탈리아에서 전시한 작품들로, 그곳에서도 작품성을 인정받았다.

자연이 사람의 손에 힘입어 새로운 경이로움을 만들어 내는 것이 예술의 힘이라면, 웅석공방에는 그 힘이 가득했다. 산청의 웅석공방에는 전통의 아름다움을 현대적으로 풀어 내는 것을 자신에게 남겨진 소명이라 여기며, 현대와 전통을 이어 가는 김동귀가 있다.

2장

그들이
여기에 있었네

—

역사

산청에 깃든 선사인의 숨결,
산청의 선사시대

특리 지석묘 / 백운리 유적지 / 소남리 유적지

서울의 국립중앙박물관 뜰에 가면 특이한 돌무덤이 있다. 잘 꾸며진 정원의 장식처럼 보이는 돌무더기들인데, 산청군 금서면 매촌리에서 2008년 10월부터 2009년 3월까지 발굴된 매촌리 유적의 묘역식 고인돌을 그대로 옮겨와 재현한 청동기시대의 지석묘(支石墓)이다. 고인돌로 널리 알려진 지석묘는 청동기시대의 대표적인 무덤으로 돌멘(Dolmen)이라고도 한다.

우리나라 지석묘는 땅 위에 받침돌을 세워 무덤방을 만들고 그 위에 거대하고 평평한 덮개돌(上石)을 올려놓은 탁자식(북방식), 땅속에 무덤방을 만들고 작은 받침돌을 놓은 뒤 그 위에 덮개돌을 올린 바둑판식(남방식), 무덤 위에 받침돌 없이 덮개돌을 바로 올린 개석식으로 구분한다. 그런데 국립중앙박물관 뜰에 있는 매촌리 지석묘는 좀 다르다. 중앙부에 덮개돌 대신 묘표석을 설치하였고, 그 주변에 크게 원형과 장방형의 묘역을 갖추고 있는 형태이다. 아름답다는 생각이 절로 든다.

매촌리 묘역식 고인돌 중 원형(1호, 3호, 5호, 9호) 가운데에는 무덤방이 놓여 있지만, 짝을 이루고 있는 장방형(2호, 4호, 6호)에는 무덤방이 보이지 않아 제단 역할을 한 것으로 추측하고 있다. 매촌리 고인돌군은 주거지와 매우 연관성이 깊은 상태로 발굴되었지만, 일반적인 고인돌군과는 다른 형태여서 청동기시대를 연구하는 학자들에게는 아주 귀한 유적인 셈이다.

산청군 금서면 특리에 있는 지석묘는 경호강을 따라 하천변에 줄지어 축조되어 있는데, 바둑판식으로 보이지만 아직 조사가 이루어지지 않아 정확한 형태는 알 수 없다. 매촌리 고인돌들은 고향을 떠나 국립중앙박물관에서 선사시대로 여행 중이지만, 금서면 특리에 있는 지석묘들은 송전탑과 함께 여기저기 드문드문 서서 산청의 선사시대를 이야기해 준다.

산청군에 따르면 "특리 사평(沙坪) 마을의 전답(田畓)과 폐가(廢家)의 가옥 내에 산재하며, 지표상에서의 고인돌 덮개돌은 35개가 확인되었다. 고인돌의 덮개돌 자체가 밭에 묻혀 굄돌의 유무를 확인할 수 없는 것도 있으나, 하부가 노출된 고인돌의 경우 굄돌은 덮개돌과 같은 화강암재로 40~50센티미터 크기의 괴석(塊石)을 이용하였다. 덮개돌의 장축 방향은 대체로 남북축이며, 주위에는 천석(川石)을 깔았고, 주변에서 민무늬토기 조각도 다수 수습되었다. 이 유적은 산청 내륙 지방에 떼를 이루고 있는 청동기시대 고인돌로 원형을 잘 보존하고 있는 것으로 생각되며, 고인돌 유적뿐만 아니라 경호강 유역의 충적지(沖積地)에 형성된 입지를 고려할 때 청동기시대 주거지 유적 등과 복합되어 있을 가능성이 높다."[2]

옛 사진을 보면 크고 작은 지석묘들이 산청 경호강변의 서안 단구면을 따라 남북으로 약 1킬로미터 범위 내에 산재해 있었지만, 현재의 지석묘는 여러 번 세어 보아도 10여 개만 보인다. 1997년 1월 30일 자로 경상남도 기념물 제163호로 지정되었다고 하나, 지나가다 보면 밭과 논의 여기저기에 흩어져 있는 그저 그런 자연석으로 보일 뿐이다. 모래밭에 있는 지석묘 몇 개는 송전탑 공사를 하며 위치가 옮겨졌을 것으로 보인다며 지나가던 분이 알려준다. 사유지인 논의 한가운데에 있는 지석묘 정도가 원래의 위치에 있는 게 아닐까 싶다.

지석묘가 이렇게 많다는 것은 청동기시대에 선사인들이 대규모로 산청 일대에서 살았다는 것을 말해 준다. 지석묘가 흩어져 있는 곳은 경호강과는 거리를 두고 있는 논과 밭, 그리고 모래밭이었다. 모래밭이라 해도 모래만 있는 게 아니라 보기에도 비옥한 흙이 섞여 있는 것으로 보아 여러 곡식을 재배했고, 그래서 이 일대는 식량이 풍부하지 않았을까 싶다. 늘 흐르는 강물과 좋은 땅은 많은 사람이 거주하기에 더없이 훌륭한 자연환경이 아닌가.

땅을 파고 석실을 만들고 그 위에 다시 넓고 크고 무거운 돌을 얹는 지석묘는 지배자의 무덤이었음이 분명하다. 지석묘가 청동기시대의 유적이니 지배계층과 피지배계층이 형성되어 있었을 것이다. 예나 지금이나 피지배계층이 자기 가족의 묘를 그리도 정성스럽게 만들 수 있었을까? 여기저기 흩어져서 서로 다른 크기로 서 있는 지석묘는 청동기

---

2) 산청군청 홈페이지. https://www.sancheong.go.kr

논밭 주위로 흩어져 있는 지석묘.

그저 그런 자연석으로 보일 정도로 무심히 방치된 특리 지석묘.

시대에 자신이 머물렀던 곳의 경계와 살면서 누렸던 힘의 크기를 알려
주는 것만 같다.

1974년 새마을운동이 한창일 때 이곳 특리 지석묘군에서 청동기시대
의 것으로 추정되는 검 네 자루와 창 한 자루가 공사 중 나왔다고 한다.
고고학자들이 급하게 선사시대 유적지의 가능성을 주장하며 공사 중단
을 요구했지만 개발 논리를 이기지 못하였다. 과거는 오래된 미래라는 말
이 있다. 그때 공사를 중단하고 유적 발굴과 연구를 했다면, 산청의 고대사
는 지금과 다른 모습이었을 것이다. 선사시대 사람들도 우리에게 그들의
이야기를 들려주고 싶지 않았을까? 어쩌면 우리는 산청에서 살았던 선사

시대 사람들의 목소리를 들을 수 있는 마지막 기회를 놓쳤는지도 모른다.

여전히 위압감을 주는 송전탑과 길을 닦느라 분주한 굴삭기 사이에서 외롭게 서 있는 고인돌을 한참 동안 바라보고 있으니, 그 옛날 넓은 특리 강가에서 삶을 이어 가던 이들의 목소리가 들리는 듯하다. 옛날의 특리는 앞으로는 경호강이 넘실거리며 흐르고, 뒤로는 나지막한 구릉이 있어 농사를 지으며 살기에 더없이 좋았을 것 같다. 지금도 조금만 올라서면 경호강의 전경과 탁 트인 전망이 나타나는데, 예전에는 얼마나 아름다웠을까? 이런 상상을 하며 단성면 백운리에 있는 또 다른 선사시대로 가기 위해 특리를 떠나 어천마을 방향으로 발걸음을 옮겼다.

산청읍과 성심원을 지나 어천마을에서 한재를 넘어 청계호수로 돌아가는 길은 보는 것만으로도 청량하다. 고갯마루에서 내리막길로 접어들자 우측으로 이갑열미술관이 나온다. 이갑열 작가가 30여 년 동안 창작한 80여 점의 작품이 전시된 공간이다. 야외에 전시된 작품은 쉽게 볼 수 있으나 실내 전시관은 자주 문이 잠겨 있어 아쉬움이 남는다.

미술관에 미련을 버리고 청계호수로 내려가는 진입로 언덕에서 만난 양 떼의 모습이 평화롭기만 하다. 청계호수 맑은 물빛과 우거진 나무들이 만들어 내는 풍경에 잠시 선계에 들어온 듯한 착각을 했다. 청계 호수를 돌아 별장처럼 앉아 있는 집들을 지나 지리산 둘레길 7코스에서 우거진 나무들과 눈인사를 나누며 좁은 산길을 가다 보면 갑자기 하늘과 함께 탁 트인 전경이 나타난다. 오른쪽 아래에 펼쳐지는 마을 어디에 단속사지(斷俗寺址)의 당간지주가 보인다. 몇 걸음을 옆으로 옮기면 당간지주는 사라지고 3층 석탑이 보인다. 한참 동안 서서 멀리 있는 당간지주와 3층 석탑을 번갈아 보다가 백운리 선사시대 유적지를 찾아갔다. 집들이 들어서 있는 백운리는 유적보다 남명(南冥) 조식(曺植, 1501-1572)의 장구지소(杖屨之所)가 있는 백운계곡으로 더 알려져 있다.

백운리 선사시대 유적지는 단성면 백운리 산 90번지에서 1974년경 마을 도로를 보수하는 과정에서 주민들에 의해 우연히 청동기시대의 유물이 다수 발견되면서 알려졌다. 당시 출토된 유물은 모두 청동유물로 세형동검(細形銅劍) 네 점, 동새기개와 동투겁창 각 한 점이 있다. 세형동검은 길이가 21.5에서 31.1센티미터 정도였으며, 동투겁창은 길이 18.2센티미터, 동새기개는 길이 8.8센티미터로 형태는 버들잎 모양과 유사했다.

이제는 현세의 시간에 밀려 선사시대의 유물이 출토된 곳이 어디인지조차 알 수 없게 되었다. 집들이 들어서서 마을을 이룬 것을 보면 이곳도 비옥한 땅이었음을 유추해 볼 뿐이다. 여기저기, 집과 집 사이, 또는 어느 집 마당에 잘 가꾸어진 텃밭들을 보니 아무리 많은 시간이 흐르고 흘러도 물이 풍부하고 땅이 비옥하면 먹을거리가 풍부해지고 자연스럽게 마을이 형성되는 것은 과거와 현재가 다르지 않다는 것을 새삼 느낀다.

다만 학자들은 이곳 백운리가 단순한 집성촌이 아니라 제사를 지내던 곳일 가능성을 제시하기도 한다. 하지만 누가 알겠는가. 그 옛날에 백운리에서 어떤 일들이 있었는지. 그럼에도 그 땅 위에서는 여전히 삶이 이어지고 있는 모습을 보면서 우리들의 삶은 단절되지도 않고 사라지지도 않음을 실감하며 소남리를 찾아 길을 떠났다.

남사예담촌을 지나 산청 호국원 방향으로 길을 따라가면 소남리가 나온다. 도로를 따라 넓고 길게 마을이 형성되어 있다. 진양호 쪽으로 방향을 틀어 비닐하우스 사이로 난 길을 따라가니 버려진 목축지 같은

잡풀만이 무성한 소남리 유적. 유적지 너머에는 진양호가 있다.

풍경이 나온다. 이곳이 단성면 소남리 28-2번지에 있는 소남리 선사시대 유적지이다. 남강댐 보강과 제방 신설구역에 포함되어 1995-1998년에 신라대학교 가야문화연구소가 발굴 · 조사하였지만 조사 결과가 공개되지 않아 알려진 것이 많지 않다. 군청이 세운 안내판이 없다면 누군가 사서 묵히는 땅으로 볼 수도 있다.

소남리 유적은 신석기시대부터 가야시대까지의 주거지와 무덤이 약 275기나 발견되었다. 길이 17.1미터, 폭 8.3미터 규모의 집자리를 비롯해 청동기시대의 유구 50여 기도 함께 발견되어 큰 마을이 있었음을 짐작할 수 있고, 지배계층의 세력이 강했을 것으로 본다. 조사 결과 신석기시대 빗살무늬토기와 청동기시대 초기의 돌대문토기, 붉은간토기, 돌도끼와 삼각형돌칼, 가야시대 생활용 연질토기와 무덤에 부장된 도질토기 등 다양한 유물이 출토되었다. 이런 점을 종합해 볼 때 이곳 소남리가 선사시대부터 고대에 이르기까지 교류의 요충지였음을 알 수 있다.

소남리 유적은 아직 보고서가 발간되지 않아 정확한 성격은 알 수 없으나, 신석기시대부터 청동기시대를 거쳐 가야에 이르는 시기의 유구가 모두 확인되고 있어 선사시대부터 가야까지의 생활문화 변천사를 품고 있는 유적이라고 할 수 있다. 하지만 지금의 상태는 경상남도 기념물 제216호임에도 풀들과 들꽃들만 가득한 너른 땅 아래에서 여전히 선사의 모습 그대로 잠들어 있다.

신석기시대의 집, 청동기시대의 집, 삼한시대의 집, 가야의 집이 층층이 숨 쉬고 있는 소남리 유적의 땅은 폭신하고 부드러웠다. 그 땅을 딛고 제방에 올라서니 진양호가 보인다. 언제였는지 알 수 없지만, 제방이 없던 그 시절에는 남강의 물결이 소남리에 살던 선사·고대인들의 생명수이자 삶을 위협하는 자연이었을 것이다. 소남리 유적지와 진양호가 제방을 사이에 두고 있으니, 진양호가 아닌 남강이었을 때의 그 물은 진주 남강의 강물이었을까, 산청 경호강의 강물이었을까?

금서면 특리의 지석묘군, 매촌리의 지석묘군, 단성면 백운리, 소남리의 집터 등 산청 곳곳에는 선사시대의 숨결이 스며 있다. 어느 곳은 농부의 쟁기질 소리를 들으며 잠을 자고, 어느 곳은 비닐하우스에서 일하는 사람들의 말에 귀를 기울이고 있을 것이다. 산청의 선사 유적지와 유적들이 깊은 땅속에 숨어 있는 고대사 비밀의 문을 열 수 있는 또 하나의 열쇠는 아닐까?

02

봉인된 기억, 산청의 가야사

(전) 구형왕릉 / 생초고분군 / 중촌리고분군 / 백마산성

가야사를 말할 때 산청을 잘 언급하지 않는다. 하지만 산청에는 곳곳에 가야의 흔적이 남아 있다. 우리 역사에서 너무나 일찍 사라진 왕국인 가야가 이후에 만들어지는 역사에서 눈에 띄는 대목은 김유신(金庾信, 595-673)에 대한 이야기를 할 때이다. 김유신은 595년(진평왕 17) 만노군(萬弩郡, 충북 진천)에서 가야 수로왕의 후손으로 알려진 김서현(金舒玄)과 신라 왕가의 만명부인(萬明夫人) 사이에서 태어났다. 가야와 연관된 김유신의 이야기도 가야 출신 유민들을 위하여 노력했다는 야사로만 남아 있어, 같은 시대에 존재했던 신라, 고구려, 백제에 비해 남겨진 가야의 역사는 미미하다.

가야는 가락, 가라, 가량, 구야 등으로도 불리며 외부에서는 임나(任那)라고도 부른다. 가야는 기원 전후를 기점으로 서기 562년까지 주로 낙동강 하류 일대에서 번성한 작은 나라들의 연맹이다. 가야는 통일된

———

전(傳) 구형왕릉 초입에 있는 김유신 사대비.

중앙집권체제를 확립하지 못한 채 몇 개의 대국(大國)과 여러 소국(小國)으로 나뉘어 발전하다가 동쪽과 서쪽에서 밀려오는 신라와 백제에 의해 차츰 세력이 약해졌다. 결국 562년 대가야가 신라에 병합되면서 나머지 가야 소국들도 사라졌다. 현재의 명칭인 가야는 크고 작은 가야 전체를 지칭하는 것으로, 후대에 붙여진 이름이다. 산청군은 걸손국에 속하지 않았을까 싶다.

『삼국유사(三國遺事)』「가락국기(駕洛國記)」에는 가야의 경계를 동쪽은 황산강, 서남쪽은 바다, 서북쪽은 지리산, 동북쪽은 가야산, 남쪽은 나라 끝으로 기록하고 있다. 지금의 경상남도 전역과 경상북도 일부 지역이 가야의 영역이었다. 안타까울 정도로 가야에 대한 기록과 문헌 자료는 남아 있지 않아서 학계에서는 문헌 기록으로 가야사 전체를 이해하고 복원하는 것은 불가능하다고 본다.

『삼국유사』에는 아라가야(함안), 소가야(고성), 고령가야(진주)[3], 대가야(고령), 성산가야(성주), 금관가야(김해), 비화가야(창녕) 등의 명칭이 나온다. 대가야가 멸망하면서 가야는 완전히 신라에 흡수되었지만, 그 기원을 살펴보면 기원전 1세기의 작은 나라들로 구성된 마한, 변한, 진한으로까지 거슬러 올라간다.

『삼국지(三國志)』「위서(魏書)」'동이전(東夷傳)'에 의하면 삼한 중 변한은 한반도 남쪽 지역에 위치한 12개의 소국으로 이루어진 연맹체인데 서쪽으로는 마한, 동쪽으로는 진한과 접해 있었다. 나중에 변한은 구야국을 중심으로 하는 가야로 발전하는데, 구야국이 금관가야이다. 역사적인 이야기로 보면, 금관가야는 김해 수로왕릉에서 시작하여 산청군 금서면 화계리 왕산 기슭의 전(傳) 구형왕릉에서 막을 내린다. 막을 내린 그때가 법흥왕 532년에 신라로 흡수된 그 해인지, 좀 더 시간이 지난 때인지 정확하게 알 수 없다. 다만『삼국유사』「가락국기」에 수로왕이 즉위한 해로부터 490년 또는 520년이라고 기록되어 있다. 가야는 하나의 통일된 국가 체제가 아닌, 크고 작은 독립 부족들이 연맹 체제로 500여 년 동안 이 땅에 존재했던 특이한 역사였다.

금관가야를 42년 동안 다스린 구형왕(仇衡王)의 기록은 없으나 그 가족의 일부가 신라로 들어갔고, 이후 그의 증손인 김유신이 신라 최고의

---

3) 역사학계 일각에서는 진주 지역이 있었던 가야를 고령가야로 본다.

위치에 오르고 김유신의 누이가 신라의 왕후가 되는 역사만 남아 있다. 그 어디에도 가야 멸망 이후 구형왕의 행적과 능묘에 관한 기록은 없다. 그래서 구형왕의 마지막에 대해서는 더더욱 알려진 바가 없다. 금관가야의 몰락을 상징하는 인물인 구형왕은 스스로 신라에 나라를 양도했기에 후대에 양왕(讓王)으로 불리기도 하지만, 그가 김유신의 증조부인 것만 『삼국사기(三國史記)』와 『삼국유사』를 통해 확인될 뿐, 구형왕의 마지막은 정확하게 기록되어 있지 않다. 그래서 이 돌무덤도 축조 양식을 두고 '왕릉이다, 아니다'로 분분하여 '전할 전(傳)' 자를 붙여 '왕릉으로 전해진다'라는 묘한 의미를 부여한다.

어떤 역사학자들은 구형왕의 마지막 생애가 기록되지 않은 것을 김부식(金富軾, 1075-1151)이나 일연(一然, 1206-1289)의 실수라고 하지만, 맹세이골과 대원사로 이르는 왕등재라는 지명을 볼 때, 나라 잃은 통한을 가슴에 품고 저항하다가 그마저도 여의치 않자 망국의 한을 달래면서 스스로 모습을 감추지 않았을까 생각한다. 왕등재는 산청군 금서면 지막리에 있으며, 왕듸기재라고도 하며 왕등재, 왕등티라고도 불린다. 산청에서 왕등재는 왕이 오른 고개라는 뜻으로 알려져 있으며, 왕의 발길이 닿았다 하여 왕지재(王地峙)로도 불린다.

이곳은 구형왕이 전쟁 중에 군사들을 이끌고 머물렀던 곳으로 전해오며, 좀 더 정확하게 살피자면 절골(금서면 지막 천광사) 남쪽에서 삼장면 대원사로 가는 고갯길이다. 특히 맹세이골(말을 기르던 곳), 소막골(소와 말이 먹이를 먹던 곳), 깃대봉(깃대를 꽂아 놓았던 곳), 망덕재(망를 봤던 곳), 왕산(왕의 산), 고동재(적들의 침입이나 위급 시 고동을 불러 군사들에게 알렸던 곳) 등의 지명은 구형왕이 이곳에서 토성을 쌓고 항전했다

추색에 둘러싸인 (전) 구형왕릉.

는 구전과 연관되어 있다.

하지만 이 시점에서 이 무덤이 구형왕의 무덤이라거나 역사학자들이 주장하듯 제사를 지내는 석탑이라거나 하는 논쟁은 별 의미가 없어 보인다. 그 시대 사람들이 돌아와서 증언하지 않는다면 해결될 수 없기 때문이다. 다만, (전) 구형왕릉을 휘감고 있는 적막과 오랜 세월 흘러내리지 않고 있는 돌무더기들이 현재를 사는 우리에게 던지는 화두가 더 크게 다가온다.

산청에 있는 (전) 구형왕릉도 다른 왕릉처럼 죽음을 품고 있다. 죽음이 갖는 상징성은 검고 우울하고 슬플 것이다. 그러나 현대에는 그 죽음의 공간이 새로운 사실을 밝혀 주는 중요한 단서를 제공한다. 고고학자들은 이 죽음의 공간을 샅샅이 뒤져 수백 년, 수천 년 전 삶의 이야기를 퍼즐 맞추듯 밝혀내고 있다. 기록되지는 않았지만 분명 존재했던 역사적 통시성에 난 구멍을 메꾸어 나간다.

높고 둥글게 쌓아 올린 돌들, 마치 역사의 숨소리가 들려오는 것만 같은 감실, 초겨울 바람 줄기에 날리는 낙엽으로부터 구형왕의 목소리가 들려오는 것만 같다. 인적이 드문 외딴 산길에 자리 잡은 이 무덤에도 봄이 오면 꽃이 피고 새가 놀러 올 것이다. 흘러간 시간을 알 수 없는 우리들이 이 돌무덤 앞에서 어떻게 살아가야 할 것인지를 되새기게

구형왕과 왕비의 위패를 모시는 덕양전.

———

되는 것은 우연일까? 유난히 검은 빛을 띠는 저 돌 하나하나가 어쩌면 구형왕의 눈물일지도 모른다는 생각을 하며 덕양전으로 발걸음을 옮겼다.

덕양전은 구형왕과 왕비의 위패를 모시는 곳이다. 조선 효종(孝宗, 1619-1659) 때 승려 탄영(坦瑛)이 지은 것으로 알려진 「왕산사기(王山寺記)」는 산 위에 왕대가 있고 아래쪽에 왕릉이 있어 왕산이라 불렀고, 그 왕릉을 지키고 보호하는 왕산사(王山寺)가 있었다고 전한다. 왕산사는 원래 구형왕이 마지막 생을 기거하던 곳인 수정궁이었는데, 광무 2년(1898) 덕양전으로 이름이 바뀌었고, 1930년 금서면 화계리로 자리를 옮긴 후 1991년 고쳐 지었다. 구형왕 사후 이곳에서 오랫동안 제사를 올렸고, 전쟁 때문에 한동안 중단되었다가 1998년부터 다시 향례를 올리고 있다.

덕양전은 1983년 경상남도 문화재자료 제50호로 지정되었으며, 매년 봄(음력 3월 16일)과 가을(음력 9월 16일)에 향례를 올리고, 음력 초하룻날과 보름날에는 삭망 향례를 올린다. 덕양전은 선체가 직사각형의 돌담을 두르고 있으며, 홍살문을 지나 들어가면 그 안에 영전각, 안향각, 추모재, 동재, 서재, 해산루 등의 건물들이 여러 형태의 문과 돌담으로 둘러싸여 있다.

(전) 구형왕릉을 두고 왕릉이다 아니다로 후세는 말하지만, 수정궁, 왕산사, 왕산 등의 지명으로 보건대, 구형왕이 있었고 그 왕은 망국의 슬픔을 달래며 마지막 여생을 산청에서 보낸 후 영령이 되어 수천 년의 세월을 산청에 머무르고 있는 것만은 확실하다.

금관가야의 소멸을 상징하는 (전) 구형왕릉과 달리 산청에 제법 융성한 가야가 실재했음을 말해 주는 가야고분군이 있다. 왕산에서 내려와 경호강변을 따라 생초면으로 가면 생초고분군이 나온다. 이 길은 남해에서 출발한 3번 국도로 연결된다. 3번 국도는 한반도를 종단하며 북으로 향하다가 철원에서 휴전선에 가로막혀 있다. 원래는 압록강 어귀의 주까지 올라갔다. 이 3번 국도변에 '어서 오라'는 마을이 있으니, 산청군 생초면 어서리이다.

경호강과 나란히 있는 옛 국도변에는 민물횟집이 줄지어 있다. 경호강 맑은 물에서 잡은 쏘가리, 꺽지, 붕어, 모래무지, 은어, 피라미 등등 민물고기로 요리를 한다. 그러나 여기서 사람들이 가장 많이 찾는 것은 '어탕국수'다. 잡어를 삶아 으깨어 끓인 국물에 국수를 말아 내어놓는 음식이다. 어탕국수를 먹을 때는 들깨가루나 제피(초피)를 넣는다. 그런데 현지인들은 민물고기 특유의 맛을 음미하기 위하여 주로 제피를 넣고, 산청을 찾아오는 사람들은 민물고기 특유의 비린내를 없애기 위하여 주로 들깨가루를 넣는다.

국수집들 가까이 있는 생초시외버스터미널에서 길 건너에 보이는 살짝 휘어진 오르막을 걷다 보면 산청박물관이 나온다. 가야사를 담기에는 작아 보이지만, 박물관은 끊임없이 변신을 시도하며 산청의 가야사를 보여 준다. 박물관 2층의 야외 옥상에서 바라보는 경호강과 생초면 일대의 모습은 고대 가야의 고을이 어떤 모습이었을지 상상할 수 있게 해준다. 거울처럼 맑은 강물이 흐른다고 해서 붙여진 이름인 경호강이 유유히 굽어 흐르는 모습은 평화롭기만 하다. 산청박물관은 다른 지역의 박물관보다 규모나 유물 전시에서 미흡한 부분이 많지만 주변 환경 및 생초고분군과 잘 어울려 있다. 박물관 주변에는 산청국제현대조각심포지엄에 참여한 세계적인 조각가들이 만든 작품들이 자유롭게 서 있는 생초국제조각공원이 있다.

생초국제조각공원은 봄이 오면 꽃잔디가 피어 고분군을 붉게 물들인다. 사실 이 생초국제조각공원이 있는 태봉산 자락은 100여 기의 가야 고분이 밀집된 중요한 가야 유적지의 하나이다. 민향식 문화관광해설사는 조상 대대로 이 지역에서 살아온 토박이로 "지금 이곳은 고분군 발굴 후 생초국제조각공원으로 개발되었지만, 30여 년 전만 하더라도 30여 호의 농가와 옹기 공장이 있었다. 그 사이로 태봉산 정상부에서 사면으로는 20여 기가 넘는 고총고분과 수백여 기가 넘는 수혈식 석곽묘가 분포하고 있어 일찍부터 고고학자의 주목을 받아 왔다"고 설명했다.

실제로 조각 작품과 꽃잔디를 보며 걸음을 옮기는 지점에는 군데군데 발굴된 가야 무덤이 복원되어 있다. 눈을 들어 위로 올려다보면 올망졸망하게 둥그스름하게 솟아 있는 것들이 모두 고분이다. 여기서 출토된 단봉문환두대도(單鳳文環頭大刀)나 동경(銅鏡) 등으로 미루어 상당한 세력의 가야 부족이 살았으며, 일본과 교류도 있었을 것으로 학계는 짐작한다. 봉황과 용무늬가 새겨져 있는 단봉문환두대도는 오랜 세월 동안 땅에 파묻혀 세 동강으로 부러진 채 그 모습을 드러냈다. 대도를 발견한 장상갑 학예연구사는 그 당시를 "칼의 손잡이 부분을 보자마자 숨이 턱 막히는 것 같았어요. 지금도 그때만 생각하면 가슴이 뛰고 아찔합니다"라며 흥분을 감추지 못했다. 단봉문환두대도가 출토되면서 그 봉분들의 주인이 가야의 지배세력임이 확실해졌다.

꽃잔디 공원을 돌아 왼편으로 나 있는 좁은 길을 따라 낮은 산을 오르면 가야 왕릉이 나온다. 멀리에서 보면 산봉우리처럼 보여 무심결에 오르다 보면 무덤 꼭대기에 이른다. 처음 방문했을 때는 무덤 위에 서

여름날의 생초고분군.

왕릉으로 가는 길에 다리처럼 놓여 있는 가야 왕릉의 무덤 뚜껑돌.

서 가슴 가득히 바람을 맞이했다. 이후 그곳이 왕릉임을 알았을 때의 민망함은 지금도 기억한다. 마치 돌보는 이 없이 방치된 것처럼 보이는 왕릉으로 가는 길에는 왕릉 안에서 발굴된 무덤 뚜껑돌들이 돌다리처럼 놓여 있다.

이러한 대형 무덤들은 규모와 입지 조건, 그리고 부장품의 질과 양에서 일반인의 무덤과 뚜렷이 구별되는 지배자의 무덤이다. 생초고분군에 대한 사전 지식 없이 고분군이 있다는 말만 듣고 가게 되면 그 돌들이 왕의 시신을 놓은 방을 덮은 돌이 아니라 그냥 처음부터 그 산에 있던 돌로만 보인다. 슬픈 일이다. 역사는 단순한 과거가 아니다. 역사는 우리가 알 수 없는 시간과 공간을 살아갔던 사람들의 지혜이며 인류의 뿌리를 담는 그릇과 같다. 고분을 발굴하고 원래대로 복원하기 위해 잠시 내려둔 무덤 뚜껑돌들은 이러저러한 사정으로 이제는 왕릉으로 가는 길이 되어 있다.

고분 앞에 서서 멀리 남쪽으로 고개를 돌리면 두 개의 산봉우리가 선명하게 보인다. 오른쪽은 가락국 마지막 왕인 구형왕의 무덤이라고 전해지는 돌무덤이 있는 왕산이고, 왼쪽의 뾰족한 산은 필봉 또는 문필봉이라 한다. 붓을 닮았다는 필봉(문필봉)이 있는 지역은 모두 선비의 고장으로 알려져 있다. 이곳 생초는 필봉을 가장 정확하게 볼 수 있는 곳이라 그 정기를 오롯이 받아서 수많은 인물이 배출되었다.

고분에서 바라보는 생초면과 경호강은 박물관 2층 옥상에서 본 것과는 또 다른 모습이다. 왕릉에서 바라보는 주거지와 강변 모습이 가야인의 생활터에 가까울 것이라고 조심스레 짐작해 본다. 왕은 죽어서도 자신이 통치하던 땅을 떠나지 않는다. 죽은 자가 가장 가까이 할 수 있는 산 자의 터전 그 어딘가에 분명 왕을 묻었을 것이다. 그렇다면 후대에 지어진 건물에서 바라보는 전경보다 왕릉에서 바라보는 전경이 고대국가의 전경에 가까울 것이다.

올라올 때는 미처 몰랐는데 위에서 내려다보면 생초고분군의 석곽묘 무덤이 등고선과 나란히 축조되었다는 것을 알 수 있다. 가장 온전하게 남아 있고 가장 높은 곳에 있는 큰 무덤이 어쩌면 가장 오래된 왕릉이 아닐까 생각해 본다. 직경이 무려 23미터에 이르는 그 왕릉은 M13호 고분으로 명명되었는데, 주곽에서는 철모, 안교, 관정, 꺾쇠 13점, 그리고 대도 주변의 흙에서 직물이 발견되었고, 내부 수습 유물의 철기 2점과 꺾쇠 9점 등 총 27점의 유물에서 다양한 형태의 직물이 발견되었다. 그중 직물 일부는 재현되어 산청박물관 벽에 아름다운 모습을 자랑하고 있다.

생초고분군은 M13호분 등 40여 기의 봉토분과 일본의 스에키와 청동거울이 출토된 9호분처럼 지금은 땅속에 묻혀 있어 눈으로 볼 수 없는 수백여 기의 돌덧널무덤으로 이루어진 대규모의 고분군으로 밝혀졌다. 생초고분군은 산 정상부와 능선의 중대형의 봉토분 구역, 산 중턱의 석곽묘 구역, 강 건너 하천변의 석곽묘 구역으로 구분이 가능하다. 또 생초고분군 서쪽 골짜기에서는 토기를 생산하던 가마터가 발굴되었고, 맞은편 하촌리에서는 집과 창고 등의 마을과 수전 등의 경작지가 발굴되었다. 남강을 중심으로 한 교통로를 통해 북쪽으로는 함양과 남원 지역, 남쪽으로는 진주, 함안, 남해안으로 연결되는 문화 결절 지역이었다. 이를 통해 대가야와 소가야, 백제, 신라, 왜 등 주변의 여러 나라와 교류하면서 발전한 산청 북부의 유력한 가야 세력의 유적이라고 할 수 있다.

고분군 앞에서 바라다보는 생초면 경호강 전경.

생초고분군을 내려오면서 찬찬히 살펴본 석곽은 강돌을 사용하여 축
조되어 있다. 산청에서 나고 자란 연구회원들이 어릴 적 강에서 친구들
과 놀던 시절 돌을 주워 짓던 집이랑 모습이 비슷하다고 신기해한다.
땅 위로 들어 올려져 개방된 석곽묘들을 보면, 어린 시절 강가의 무른
땅을 파고 사방 벽을 주변에서 주워 온 크고 작은 돌로 둘러싼 후, 강에
서 잡아 온 어린 물고기들을 강물과 함께 가두어 놓고 시간 가는 줄 모
르고 보던 기억이 되살아난다.

생초고분군이 박물관을 곁에 두고 왕릉의 모습을 어느 정도 보존하
고 있다면, 중촌리고분군은 잡초 우거진 황무지 그 자체이다. 중촌리고

분군을 찾아가는 길은 쉽지 않다. 생초면 어서리에서 3번 국도를 타고 산청읍을 지나 내려오다 원지 적벽산 입구에서 왼쪽으로 길을 잡고 산성마을로 진입하여 고분군을 찾았으나 찾지 못하고, 동네 어르신의 설명을 듣고 다시 내려와 하촌마을 쪽에서 임도를 찾아 올라갔다.

그러나 또다시 입구에서 들어가는 길을 찾지 못해 몇 바퀴를 돌고 돌아 겨우 찾은 농로 끝에 이어진 작은 임도가 눈에 띄었다. 혹시나 하며 그 길을 따라 올라가니 야트막한 산 정상에 개발하다가 중단한 흔적이 있을 뿐인데, 그곳이 고분군이 있던 터다. 어디가 고분군인지를 알 수 없는 황량한 모습에 말문이 막혔지만, 가장 좋은 발굴은 땅속에 그대로 두는 것이라는 고고학계의 말을 떠올리며 애써 위안했다. 그러나 생초와 달리 중촌리고분군이 있는 땅이 개인 소유라는 사실을 알게 되자 현재의 상태가 이해되기도 한다.

최근에 땅 주인이 땅을 개간하는 과정에서 고분들이 훼손되는 일이 있었다. 그 과정에서 드러났을 것으로 추정되는 수많은 토기 조각들이 널려 있는 모습을 보니 마음이 무겁게 내려앉았다. 수많은 고분이 굴삭기에 의해 파헤쳐졌다는 소식을 뒤늦게 접한 경상대학교 박물관에 의해 그 실상이 보고되었고, 이후 경남연구원에서 부랴부랴 하나 남은 고분을 발굴 조사한 결과, 고분의 규모나 부장품으로 보아 높은 신분의 무덤이었을 것이라는 사실을 밝혀냈다.

올라가는 길에서 언뜻언뜻 보이는 토기 조각들도 경상대학교 박물관에서 본 가야 토기들과 색과 재질과 문양이 비슷한 걸로 보아 평토 작업 과정에서 들추어진 것 같았다. 무너진 넓은 고분 터 곳곳에서도 깨진 토기 조각들을 찾아볼 수 있는데 물결무늬 파편과 민무늬 파편이 있는 토기 조각들, 작은 원형 손잡이가 있는 뚜껑 조각 등 걸을 때마다 눈에 띄는 토기 조각이 그나마 이곳이 가야사의 한 지점이라는 것을 말해 준다.

어성초의 비릿한 내음을 맡으며 계속 산을 올라가자 한쪽에 거대한 돌무더기가 눈에 뜨였다. 유일하게 남은 고분과 발굴의 흔적이었다. 무덤 내 석실 벽으로 추정되는 돌들과 무덤 뚜껑돌로 추정되는 평평하고 반듯하게 깎인 석재들을 볼 수 있었다. 그러나 생초고분과 달리 온전한 고분의 모습은 보이지 않고, 파헤쳐진 채 반쯤 허물어진 고분 위로 바람과 비에 찢겨서 흔들리는 비닐과 작은 돌들을 한곳에 모아 놓은 돌무더기만 보인다.

여기가 고분군이라고는 상상조차 하기 힘든 중촌리고분군.

중촌리고분군도 생초고분군과 마찬가지로 저 멀리 탁 트인 넓은 들이 보였다. 맞은편에 보이는 몇 개의 산봉우리로 보건대, 이곳 중촌리도 자연으로 진지를 구축한 안전지대였을 것이라는 상상이 들었다.

중촌리고분군은 일제 강점기 때부터 유난히 도굴이 심했는데, 이런 불운에는 길에서 훤히 보이는 생초고분군과 달리 분지 지형이다 보니 일부러 찾아오지 않으면 보이지 않는 지형적 조건이 큰 역할을 한 것 같다. 중촌리고분군이 잘 보존되었다면 가야사 연구에 큰 도움이 될 것은 물론이고 경관도 아주 좋아서 관광지로도 손색없을 듯했지만 이미 훼손이 심한 것을 보며 안타까운 마음에 탄식만 나왔다. 전문가들은 중

황무지처럼 보이는 중촌리고분군의 돌무더기.

———

촌리 가야 고분으로 미루어보아 꽤 번성한 가야국이 있었을 거라고 짐작은 하지만, 너무나 많은 흔적이 사라져 버렸고, 조사도 제대로 이루어지지 않아서 아직 충분히 입증을 못하고 있다.

과거의 중촌리 가야 고분군으로 적이 쳐들어오려면 경호강을 건너 갈전천의 좁은 골짜기로 들어오거나, 백마산성 아래쪽 깎아 지른 듯한 절벽을 올라야 했을 것이다. 백마산성(白馬山城)은 문헌에 따라 강산성, 강산석성, 동산성, 단성산성 등으로 표기되어 있다. 조선 초기에 편찬된 『동국여지승람(東國輿地勝覽)』에 "강산석성은 현의 북쪽 7리에 있다. 삼면이 절벽이고 둘레는 2,795자이며, 동남쪽 100여 척은 보축하였다. 석성이며, 안에는 샘이 하나 못이 하나 있고, 군창이 있다"라고 기록되어 있다. 백마산성에 가려면 중촌리고분군에서 내려와 원지로 가는 갈림길에서 백마사(白馬寺) 쪽으로 길을 틀어야 한다.

가파른 포장길 언덕을 오르다 백마사를 끼고 오른쪽으로 돌면 백마산으로 들어가는 들머리를 만난다. 처음부터 가파른 길을 잠시 오르면 망춘대로 불리는 크고 넓은 바위를 만난다. 망춘대에서 내려다보면 강누리 마을과 강누리 들판을 돌아 흐르는 경호강이 보인다. 가슴이 열리는 느낌을 받으며 발아래를 내려다보니 깎아지른 낭떠러지이다. 백마산성은 남북으로 길게 이루어져 있는 사국 시대의 성곽으로, 생초고분군에서 올라가면 나오는 어외산성(於外山城)과 함께 산청에서 볼 수 있는 두 개의 성곽 중 하나이다. 서쪽은 망춘대가 지키는 곳으로 자연 절벽이 성벽이며, 동쪽은 산성의 흔적만 남아 있고 허물어져 온전한 성곽의 모습이 보이지 않는다.

해발 286.3미터에 위치한 백마산성은 망춘대를 지나 동쪽 사면에는 큰 웅덩이가 있고, 조금 더 앞의 서쪽 사면에는 두 개의 작은 웅덩이가 있다. 망춘대가 있는 동쪽 지역에 초석으로 보이는 많은 돌이 널려 있고, 주변에 기와편이 산재해 있는 것이 보이는데, 이를 두고 학계에서는 이곳이 문헌에 나타나는 군창 자리로 추정한다.[4] 산 정상부와 정상부의 서편 가장자리를 따라 암반의 곳곳에 주혈(대략 60여 개가 산재)로 추정되는 구멍이 새겨져 있다. 바위에 뚫린 구멍이라니.

연구자들에 의하면, 그 구멍에 나무기둥을 박아 목책을 연결했을 가능성이 있다. 아마 적이 서쪽 절벽을 타고 올라오는 것을 경계하는 용도로 목책을 활용하지 않았을까 추정한다. 중촌리고분군에 자리한 가야는 산성마을을 중심으로 하는 분지 지형으로, 서쪽으로 백마산성이 위치하는 백마산(해발 286미터)이 급경사를 이루며 남-북 방향으로 병풍처럼 솟아 있고, 북쪽과 남쪽은 백마산에서 뻗어내리는 완만한 경사면의 산록이 동서 방향으로 가로막으며, 동쪽으로는 소하천이 남북 방향으로 흐르니 곡식이 풍부한 생활 영역이자 천혜의 자연 요새를 지닌 나라였음을 알 수 있다.

역사는 승자에 의해 다시 쓰인다고 하지만 너무나 일찍 막을 내린 가야의 역사는 이후 어느 왕조에서도 관심을 받지 못했다. 오랜 세월 신화적인 이야기로만 알려져 있던 가야사가 조금씩 드러나고, 일각에서 가야 유적지를 유네스코 문화유산으로 지정받기 위해 노력하는 움직임이 더 슬프게 다가오는 것은 산청의 가야사가 중촌리고분군과 같기 때문이다. 산청에서 가야는 아직 신화에 머물러 있는 것만 같다.

---

4) 경상대학교 경남문화연구원, 『산청의 산성 지표조사 보고서』, 2002.

『동국여지승람』에 '강산석성'이라 기록된 백마산성.

백마산성의 주혈.

역사의 격랑 속에서 아물지 않는 상처, 닫을 수 없는 기억

빨치산 / 정순덕 / 산청·함양사건 / 방곡

산청은 지리산의 음지 쪽에 앉아 있다. 그래서 약초가 많고 산그늘이 일찍 찾아온다. 허준(許浚, 1539-1615)이 약초를 찾아 헤매던 지리산은 한국의 4대 명산 중 하나이다. 1967년 최초로 국립공원으로 지정되어 전 국민의 사랑을 받는 산이지만, 산청과 산청 사람들에게 지리산은 아픔이고 상처이다. 1948년부터 1955년 5월까지 지리산에서는 군경 토벌대와 빨치산의 크고 작은 전투로 수많은 생명이 스러져 갔다.

민족의 명산이 죽음의 계곡이 되어야 했던 부조리를 시인 김지하는 "눈 쌓인 산을 보면/ 피가 끓는다/ 푸른 저 대숲을 보면/ 노여움이 불붙는"(김지하, 「지리산」) 것으로 묘사했다. 지리산과 함께 그 참혹함의 시간을 온몸으로 견뎌야 했던 산청 사람들에게 남아 있는 핏빛 기억은 "지금도 저 벌판/ 저 산맥 굽이굽이/ 가득이 흘러/ 울부짖"(김지하, 「지리산」)고 있다. 이념이 정치화되면서 힘없는 백성들의 고단해진 삶을 보며 지리산은 통곡했을 것이다.

35년의 일제 강점기를 지나 극적으로 맞이한 해방 공간은 이 땅에 이념이 거대한 뿌리를 내리며 역사의 강물이 되어 흐르기 시작하는 지점이었다. 산청에는 그 이념의 물결이 할퀴고 지나간 흔적이 깊게 배여 있다. 지리산 골짜기에 삶의 터전을 잡은 사람들이나 마을은 대부분 빨치산의 트라우마를 가지고 있다. 그중에서도 산청이 지닌 트라우마는 아직도 살아 있다. 마지막으로 잡힌 빨치산 정순덕이 산청 사람인 것도 있지만, 지리산 빨치산의 중심이었던 이영회가 종횡무진 다니며 전투를 치른 중심 지역이 산청이기 때문이다.

이 사실을 말해 주는 것이 새고개에 있는 네 개의 충혼탑이다. 동쪽에서부터 차례로 베트남전 참전기념비, 6·25 참전기념비, 88사건 위령비, 호국무공수훈자 전공비가 서 있다. 그중 88사건 위령비에는 잔비 및 패잔병 집단들이 1951년 8월 8일 오전 9시경 자신마을 아래 장승배기에 매복하고, 경찰과 의용경찰을 유인·습격하여 많은 사상자가 발생했다는 것을 기록하고, 뒷면에는 그때 희생당한 65명의 이름을 기록해 두고 있다. 특별한 기념일이 아니면 찾는 이가 거의 없는 충혼탑에는 시간만 무심한 듯 놀고 있다. 충혼탑이 왜 네 개인지, 88사건이 무엇인지 아는 이가 그리 많지 않은 것도 현실이다.

많은 시간이 지난 지금, 이념이라는 그물을 걸고 보면 정순덕이나 이영회도 이념에 의한 희생자일지 모른다. 정순덕은 삼장면 소래리 안내원 마을에서 태어나 열여덟 살에 시천면에 살던 남편과 결혼했다. 그러나 그 남편과의 결혼 생활은 전쟁이 터지기 전 마을에서 두 달, 산에서 한 달여 정도 함께 지낸 것이 전부로 알려져 있다. 사회주의가 무엇인

3번 국도를 따라 진주에서 산청읍으로 들어오는 새고개에 있는 4개의 충혼탑.

지, 부역이 무엇인지 알지도 못한 채 살기 위해 했던 일들, 그리고 부모의 뜻에 따라 만난 남편을 찾아 지리산으로 들어간 결과 정순덕은 빨치산이 되었고, 그 이름 세 글자는 오늘날 금기어가 되었다.

동료 두 명과 함께 끝까지 살아남아 토벌대와 대치한 정순덕은 남편을 찾아 지리산으로 가던 때와 달리 거칠어져 있었다. 남편을 잃은 후에도 산에서 내려오지 않고 13년간 빨치산으로 살면서 주변인들에게 공포심과 불안감을 주었다. 정순덕은 이홍희와 마지막까지 남아서 함께 도망 다니다가 지리산 내원골에서 1963년 11월 12일 체포되었다. 당시 함께 있던 이홍희는 그 자리에서 사살당하고 정순덕은 자신이 태어난 그 마을에서 오른쪽 다리에 총상을 입고 체포되었다.

끝까지 저항하다 사망한 이홍희는 정순덕과 같은 경남 산청군 삼장면 홍계리 서촌마을에서 누이만 네 명인 집안의 외동아들로 태어나 사랑받고 자랐다. 좌우가 뭔지 모르는 시골 소년이던 이홍희는 열다섯 나이에 인민군 소년단에 가입하면 공짜로 공부를 가르쳐준다는 말에 속아 소년 인민군이 되었다. 9·28 서울 수복이 되자 가만히 있으면 군경이 돌아왔을 때 살아남을 수 없을 것 같다는 생각에 지리산으로 들어갔다. 이후 이영회의 연락병을 맡게 되면서 빨치산으로 역사에 남아 있다.

정순덕이 생포된 마을은 모든 사람이 이주하면서 폐쇄되었다. 정순덕을 기억하는 사람들은 정순덕이 생포된 집터가 예태백이라고 부르는 곳에 있었는데, 어느 시기까지는 관리되었지만 지금은 진입로가 없어서 관리가 안 된다고 말했다. 정순덕은 체포 후 다리의 치료가 끝나자 무기징역형을 선고받아 수감 생활을 하다가 1985년 석방되었다. 수감 기간은 약 23년이며 이 기간 중 전향했다. 석방 후에는 비전향 장기수들이 모여 사는 서울 관악구의 만남의 집에서 살림을 맡기도 했다.

정순덕은 2000년 6·15 남북공동선언에 따라 그때까지 비전향으로 남아 있던 장기수들이 북한으로 송환될 때 정순택 등과 함께 양심선언을 하며 다시 한번 세간의 관심을 받기도 했다. 정순덕은 자신의 전향은 고문과 강요가 동반된 전향 공작에 따라 강제로 전향서에 도장을 찍은 것에 불과하다고 주장했으며, 전향을 취소하고 북한으로의 송환을 요구했다. 그러나 고향이 경남 지역이고 전향서를 쓴 적이 있다는 이유로 송환은 성사되지 않았다. 그는 인천에서 2004년에 사망했다.

역사적으로 빨치산은 토벌 대상이었다. 그래서 중산리에 가면 '지리산 빨치산 토벌 전시관'이 있다. 전시관에는 빨치산들이 숨어 살던 토굴, 선녀굴의 당시 모습, 구들장 아래 방고래에 만들어진 아지트 등과 함께 움막이 재현되어 있다. 살기 위해 자행했다지만, 전쟁이 끝난 후에 지리산을 중심으로 활동했던 빨치산들의 행위는 많은 상처를 남겼다. 마을에 남은 사람들은 한때는 이웃이고 친척이었지만 빨치산이 된 이들로 인해 말할 수 없는 고초를 겪었고, 빨치산에 가족을 잃은 사람들도 있다. 떨리는 그 핏빛 기억으로부터 자유로운 사람은 없을 것이다.

그러나 빨치산 그들도 역사의 가해자이자 피해자라는 사실 역시 부정하기 어렵다. 나이 든 마을 사람들이 기억하는 어리고 순한 '순디기'가 생사를 확인할 수 없어 막연히 살아 있을 것이라는 의미를 지닌 망실공비로도 불리던 마지막 빨치산 정순덕으로 기억되는 그 순간부터, 우리 역사에서 빨치산은 지리산에 깊게 새겨진 상흔이 되었다. 전시관에는 이념이 칼춤을 추던 시대를 살다 간 백성들의 이야기 대신 빨치산을 토벌한 사람들의 영웅 이야기가 가득하다. 빨치산에 가담한 사람들도, 그들을 밀고하거나 잡으려고 혈안이 된 사람들도 모두 이 땅의 백성이었지만, 빨치산이라는 단어 자체가 트라우마가 되는 역사의 아이러니 속에 산청이 있다.

빨치산과 연관되어 산청에 깊은 상흔을 남긴 사건이 '산청·함양사건'[5]이다. 원지를 거쳐 충혼탑과 산청읍을 지나면 아직도 아물지 않은

---

5) '산청·함양사건'과 연관된 통계는 『끝나지 않은 국가의 책임』(제60주년 산청·함양사건

가을이 깊어가는 방곡마을의 산청 · 함양사건 추모공원.

방곡마을의 산청 · 함양사건 추모공원.

상처를 가슴에 안은 사람들이 사는 곳이 나온다. 산청과 함양의 경계를 이루고 있는 엄천강, 이 강 길을 따라 지리산 둘레길 5구간이 지나는 산청군 금서면 방곡리에는 기억조차 하기 힘든 장소가 있다. 지리산 골짜기를 따라 내려온 매서운 겨울바람이 스치고 지나가면 저절로 옷깃을 여미는 곳이다. 산청·함양사건 추모공원이 있는 산청군 금서면 화계오봉로 530, 언덕 위에 높다랗게 세워진 위령비의 흰색이 더욱 차갑게 느껴진다.

1951년 2월 7일, 정월 초이틀, 국군 11사단 9연대 3대대는 '견벽청야(堅壁淸野)' 작전을 수행했다. '견벽청야'는 '성벽을 견고히 지키고, 들의 작물을 거두거나 가옥을 철거하여 쳐들어오는 적에게 양식이나 쉴곳 등 편의를 주지 않는다'는 뜻이다. 『삼국지』에서 조조가 여포를 공격할 때 썼던 작전의 이름이다. 지리산 일대에 있는 빨치산들을 소탕하기 위해 마을을 불태운 국군은 작전명을 '견벽청야'로 정하고 지리산 곳곳에 있던 마을을 불태웠다. 내 나라에서 살던 사람들이 이유도 모른 채 나라를 배신한 적이 된 것이다.

산청·함양과 거창에서 희생당한 민간인의 수는 1,424명에 달한다. 산청과 함양에서 705명이 희생된 이틀 뒤 거창에서 719명(15세 이하 어린이 359명)이 참혹한 변을 당했다. 그러나 실제 참극을 당한 양민들의 수는 더 많다는 것이 지역민들의 주장이다. 일가족이 몰살당하거나 생존자가 너무 어린 경우에는 제대로 파악할 수 없었기 때문이다. 그날은 음력 정월 초이튿날이었다. 설날을 맞아 가족들이 모여 즐거운 시간을

학술회의 자료집, 2011)을 참고하였다.

보내던 중 집결하라는 군인들의 명령에 순진하게 응했던 사람들이 이유도 모른 채 처참하게 죽었다. 그러니 일가족이 몰살당한 가구가 많았다.

희생자 대부분은 노인, 부녀자, 어린이들이었다. 남자들이라 해도 순박하게 농사를 지으며 하루하루 살아가던 사람들이다. 그들은 살아남기 위해 빨치산들에게 약탈당하듯이 식량을 주었고, 죽지 않기 위해 빨치산이 묻는 말에 대답했다. 살기 위해 한 그들의 행위는 그 어느 진영으로부터도 정당성을 부여받지 못하고, 빨치산들과 내통했다는 혐의로 군경 토벌대에 의해 색출되거나 생명을 위협당했다. 살아남은 사람들과 그들의 후손은 오랜 시간 동안 색깔로 분류되는 고통을 안고 살았다.

1996년 특별법이 제정되어 산청, 함양, 거창 등에서 조사가 진행되었고, 산청에서 251명, 함양에서 135명, 거창에서 719명의 억울한 죽음이 문서화되었다. 당시의 참상을 알리기 위해 유족과 후손들은 지금도 외로운 싸움을 하고 있다. 금서면에 있는 산청·함양사건 추모공원의 적막함이 진실을 밝히고자 하는 그들의 마음 같기만 하다. 거창 사건은 알아도, 산청과 함양에서도 참극이 있었다는 사실을 아는 이는 그리 많지 않다. 그래서 그 상처는 아물 수가 없다.

빨치산은 '파르티잔(partisan)'의 경음화 발음이다. 파르티잔은 적의 배후에서 신속한 이동과 기습을 통해 적에게 피해를 입히며 일정한 조직 체계가 없는 소규모 전투부대, 즉 게릴라 부대이다. 그러나 한국의 빨치산은 조직을 갖추고 나름의 규율을 지키며 이 땅의 산하와 함께했다. 빨치산은 당원·동지·당파 등의 뜻도 지니고 있으나, 우리들에게는 공산주의자를 지칭하는 대명사일 뿐이다. 70여 년 동안 산하도 일곱 번 바뀌었다. 추모공원에서 만난 유족 대표의 한 서린 말들을 들으며 바라보는 하얀 추모탑 위의 하늘은 말이 없다.

빨치산 토벌 작전 중 시천면, 삼장면, 금서면 주민들은 공비와 내통했을 거라는 의심 하나로 죽어갔고, 살았다 해도 포승줄에 묶여 끌려다니며 고문당하고 몰매를 맞았다. '공비 토벌'이라는 이유로 민간인을 세 번이나 학살했는데, 1951년 금서면 방곡마을과 점촌마을, 함양군 유림면 서주 일대, 2월 11일에는 거창군 신원면 등에서 1,424명의 민간인이 희생되었다. 부모형제가 어디에 묻혀 있는지조차 알 수 없고, 당시의 기억이 "하도 징그러워서" 아무에게도 말하지 못하고 살아온 사람들, 살아오는 내내 빨간색 옷을 입지 못할 정도로 그 당시의 참상을 기억하는 생존자들은 '악몽, 경기, 불면증, 고향 기피, 전쟁 영화 기피, 언어 장애, 기억력 감퇴, 수전증' 등으로 70년의 세월을 감당할 수 없는 고통 속에서 지내고 있다.[6)]

생존자들은 자신들이 양민학살 사건의 증인임을 밝히지 못하고, 오히려 생존 자체가 불이익으로 돌아올지 모른다는 불안감에서 오랜 세월 함구했다. 견벽청야 작전에서 피해를 인정받은 유일한 지역은 국회의원이 앞장서서 진상을 알리고자 한 거창이다. 유일하게 양민학살의 가해자가 정부 차원에서 밝혀진 곳도 거창이다. 생존자도 있고 증언도 있으며 사료들이 있음에도 산청과 함양의 상처는 오늘도 역사의 장막

6) 「한국전쟁기 한국군 11사단에 의한 산청·함양민간인집단학살사건: 국가 기록에 나타난 사건 조사와 피해여성들의 삶」(『끝나지 않은 국가의 책임』, 제60주년 산청·함양사건 학술회의 자료집, 2011), 93-105쪽.

에 가려져 있다.

산청군 금서면 방곡리에 추모공원이 들어선 이유는 이곳에서 양민학살이 시작되었기 때문이다. 군대와 경찰은 산청에서 시작하여 마치 금수를 사냥하듯이 함양을 거쳐 거창으로 진격하며 양민을 학살했다. 이미 잊히고 있는 역사를 다시 쓰기 위해 추모공원을 지키는 민수호 씨는 말한다. "금서면은 질곡과 애환의 땅입니다. 산청, 함양이 빨치산의 주무대였던 건 맞는데, 견벽청야 작전이 시행될 때 이미 좌익은 도망가고 없었어요. 빨치산을 전혀 돕지 않았던 양민들은 떳떳하니까 도망 안 가고 마을을 지키고 있다가 그 변을 당했어요."

지리산에 숨은 북한군 잔당과 빨치산은 밤이면 내려와 활동했다. 마을을 돌며 양식을 빼앗는데 어느 집에 얼마만큼의 양식이 있는지 알려주는 이가 있어 그들은 쉽게 목적을 달성했다. 그러니 북한군 잔당과 빨치산은 쉽게 소탕되지 않았고, 군경은 지리산에 숨은 적이 스스로 모습을 드러내도록 유인하기 위해 양민을 학살하고 마을을 불태웠다. "마을 전체가 피해자 아닌 사람이 없고 피해자 가족 아닌 사람이 없었어요. 당시 민간인 사살에 앞장섰던 사람들은 사죄도 안 했어요. 세월이 흐르니 피해자 후손은 고통을 피해 고향을 떠나고 가해자 후손은 잘 되어 고향에서 잘살고 있네요."

민수호 씨의 이야기는 계속되었다. "여기 산청은 가해자는 없고 피해자만 있어요. 가족들은 내가 자꾸 유족회 일을 하고 지나간 과거사를 붙들고 있는 걸 참 싫어합니다. 가장이 맨날 돈도 안 되는 이런 일을 하니 얼마나 힘들겠어요. 아내와 아이들에게는 참 미안하지만, 나라도 이러지 않으면 그 참상은 잊혀져요. 그냥 사명감으로 합니다. 사명감에 이유가 있나요?" 제대로 숨을 쉬기 위해 기억을 잊고자 했지만 그 기억으로부터 벗어나지 못하고 고통 속에서 살아야 했던 민초들의 흔적은 가현, 방곡, 점촌, 서주, 이 땅 위에 아직 남아 있다. 그래서 산청 방곡에서는 오늘도 바람 불고 비가 내린다.

담담하게 빨치산을 말하는 산청 사람들과 70여 년 전의 양민학살 사건의 진실을 알리기 위한 유족들의 울분은 인간의 존엄성을 향한 항거이다. 산청에는 힘없는 백성들이 자신들의 존엄성을 위하여 봉기했던 항거의 역사와 그 백성들과 함께했던 지배계층의 숭고한 정신이 곳곳에 있다. 역사의 시간을 거슬러 올라가면 평안한 삶이 기다리는 서라벌로 향하지 않고 깊은 골짜기 이곳에 와서 사그라진 나라와 길 잃은 백성을 가슴에 품고 살았던 구형왕의 슬픈 항거가 있다. 임진왜란 당시 유림들의 의거, 꼿꼿한 선비들의 기개는 나라를 지키고자 하는 충절의 항거였다.

1862년 2월 4일에 시작하여 그해 5월 8일까지 '95일의 향민자치(鄕民自治)'를 이루었던 '단성민란(丹城民亂)'은 관리들의 횡포와 조세 수탈에 항거한 전국 최초의 민란이었으며, 단성 지역의 양반들과 백성이 함께한 평화적 반봉건 투쟁이었다. 그러나 사료의 내용과 구술 증언에 의한 기록에는 차이가 있다. 당시에 단성 향민들과 뜻을 같이 한 김령 부자 중 단계(端磎) 김인섭(金麟燮, 1827-1903)이 사료에는 경상도의 무단적인 토호(土豪)로 기록되어 있으나, 향민들은 강루들 맞은편 적벽마애에 비문을 새겨 기렸다.[7] 이 하나의 사실만으로도 단성 향민들은 조선

---

7) 오규환, 『山淸鄕土史』(도서출판 신우, 2005), 379-389쪽.

의 신분제도 타도를 요구하지 않고 체제 내에서 정당한 권리를 희망했음을 알 수 있다.

1894년 삼장면(당시에는 행정상 진주군 삼장면)에 살던 백낙도(白樂道, 1900-?)가 영남 지역에서는 처음으로 삼장면 일대에서 동학을 포교하면서 덕산 지역이 동학의 본원지였다는 서술과 동학에 가담했다는 이유로 지역민이 환아정(換鵝亭) 앞뜰에서 분형을 당한 '환아정 사건'이 오랫동안 구전되어 온다.[8] 변혁의 시기를 살다 간 민초에게 평안한 삶은 없었다. 그럼에도 산청의 역사가 품고 있는 항거의 정신은 혼자 잘 살겠다는 이기적인 마음이 아니라 함께 사람답게 살아가자는 이타적인 마음을 드러낸 것이기에 더 값지고 가슴 아프다.

지리산에 겨울은 일찍 오고 봄은 늦게 온다. 10월 말이면 산청에 진눈깨비가 내리기도 하고, 11월 초순만 되면 지리산 봉우리는 하얗게 변한다. 지리산의 음지 쪽에 위치한 산청의 옛 지명은 '산음(山陰)'이다. 산청은 지리산의 줄기인 웅석봉(熊石峰), 둔철산(屯鐵山)의 북사면에 해당하므로 산북(山北)에 해당하며 응달진 곳이다. 그래서인지 산청의 겨울바람은 매섭고 여름 땡볕은 따갑다. 이렇게 지형적인 요인을 보면 산청은 척박한 땅이지만, 사람들은 산음을 맑은 강물과 푸른 바람을 지닌 따뜻한 둥지인 산청으로 일구어 왔다.

산청을 품고 있는 지리산을 흔히 '어머니의 산'으로 부르기도 한다. 지리산 자락 곳곳에서 자생하는 약초와 산나물이 배고프고 서러운 백성들에게는 어머니가 차려 주는 소박한 밥상 같은 것이었을까. 약초와

---

8) 오규환, 같은 책, 293-395쪽.

추모공원 가는 길의 엄천강은 오늘도 말없이 흐른다.

산나물은 음지에서 잘 자란다. 지리산의 약초와 산나물을 닮은 산청 사
람들은 무뚝뚝함 속에 친절을 쟁여두고 있다. 빨치산의 기억이 서린 산
청이 참극과 참담함과 슬픔과 눈물이라면, 현재의 산청은 포용과 관심
과 배려가 있는 치유의 땅이다.

　많은 이들이 삶에 지치고 힘들 때 산청을 찾아온다. 산청은 경호강변
에 둥지를 튼 한센인들을 60여 년간 보듬었고, 햇살 잘 드는 골마다 노
인을 위한 시설들이 있으며, 산자락마다 대안학교가 있다. 가을밤, 산
청의 골짜기를 따라 황매산 자락에 올라가 보았는가. 남명의 장구지소
에서 발 담그고 시를 읊어 보았는가. 바위마다 새겨진 선인들의 목소리

를 들어 보았는가. 경호강 맑은 물에서 뛰노는 쏘가리의 지느러미가 일으키는 물결을 만져 보았는가. 산청은 슬픔과 고통을 삶으로 녹여 내는 아름다운 땅이다. 과거의 고통과 죽음의 시간을 건너 현재의 시간을 이어 가는 산청은 항거의 정신과 치유의 문화를 품은 땅이다.

3장

산청 풍경 속
살아가는 이야기

—

강과 마을

강을 따라가며 산청의 속살을 만지다

엄천강 / 화계 / 생초 / 경호강 / 산청휴게소

수렵·채집 생활을 하던 원시시대부터 사람들은 물가에 모여 촌락을 이루고 살아왔다. 산청의 중심을 관통하며 북서에서 동남으로 흐르는 경호강변으로는 생초고분군으로부터 시작하여 평촌리, 특리 지석묘, 매촌리, 옥산리, 강누리, 소남리까지 석기시대와 청동기시대의 유적지가 줄줄이 이어져 있다. 이렇게 산청의 역사와 문화를 이어오는 경호강은 어디에서 시작하여 어디까지 흐르는 걸까?

가끔 경호강을 따라가다 보면 이정표에 '국가하천 남강'이라고 적혀 있는 것을 볼 수 있다. 국토지리원의 자료에 의하면 남강은 남덕유산(해발 1,503미터) 참샘에서 발원하여 함양, 산청을 지나 진주 진양호로 흘러 들어갔다가 방향을 바꾸어 의령, 함안을 거쳐 창녕 남지에서 낙동강에 합류하는 것으로 되어 있다. 이렇게 본다면 우리가 부르는 경호강은 실체가 없는 이름뿐인 강이 되고 만다.

그럼에도 산청 사람들은 공식적인 명칭인 '남강'으로 부르길 거부하고 '거울같이 물이 맑은 강'이라는 뜻을 지닌 '경호강'이라는 이름을 사랑한다. 경호강은 남덕유산에서 발원한 물이 남계천을 따라 흘러오다 생초 곰내와 건너편 강정마을 앞에서 함양의 마천, 휴천을 지나며 엄천이라 불리던 물줄기와 만나 경호강이라는 이름을 얻어 산청의 경계를 벗어나 진주로 들어가기까지 통칭된다. 경호강은 산청을 흐르는 동안 여러 개의 강줄기를 뻗어 내고, 그 강줄기들을 따라가면 마을을 만날 수 있다.

엄천강은 함양군 휴천면 동강리와 산청군 금서면 자혜리에서 경계를 이루며 흐르는 경호강의 상류이다. 지리산 북사면 한신 계곡의 물과 함양군 마천면 삼정리에서 내려오는 물이 합쳐지고, 다시 마천면사무소 앞에서 남원의 인월과 산내에서 내려온 물줄기가 합수되며 엄천이라 불린다.

화계로 가는 이 길은 3년 전까지 노면이 고르지 못하고 특히 비가 많이 오면 도로가 침수되기 일쑤였다. 1972년부터 주민들의 손과 땀으로 만든 길이 2017년 말에 폭 8미터의 2차선으로 포장되어 지금은 엄천강 물이 불어도 큰 걱정 없이 다닌다. 한쪽으로는 절벽이고 다른 쪽으로는 강을 곁에 두고 나란히 오던 길이 우측으로 크게 휘어지는 지점에 이르면 도로보다 강을 따라 걸을 수 있어서 좋다. 물새들이 강여울에 발 담그고 움직이지 않고 서 있는 모습도 볼 수 있고, 때로는 낚시나 투망으로 고기를 잡는 어부를 만날 수 있다.

오른쪽으로는 논과 밭, 그 사이로 띄엄띄엄 집들이 있는 전형적인 시골 풍경을 감상하며 조금은 느릿느릿 움직이다 보면 제법 큰 마을이 나온다. 화계(花溪), 예전 내비게이션이 일상화되기 전, 지도책과 이정표에만 의존해 다닐 때는 벚꽃으로 유명한 하동의 화개(花開)로 착각하여 오는 사람들이 종종 있었다. 하동 화개장터가 전라도와 경상도 사람이 만나는 곳이라면 여기 화계장터는 산청과 함양 사람들이 만나는 장소다. 강 건너 함양 유림뿐만 아니라 마천이나 휴천 사람들도 오도재가 개통되기 전에는 강을 따라 화계장으로 산나물을 이고, 장작을 지고, 송아지 딸린 어미 소를 몰고 오기도 했다. 이곳 장터에는 꽤 유명한 맛집이 있다. 장터 뒤편에는 엄천강에서 잡은 다슬기만 사용한다는 식당이 있고, 산청과 함양을 잇는 다리목 우측에는 어탕국수로 유명한 집이 있다.

시장통 서쪽 끝 강가에는 커다란 팽나무와 느티나무가 서 있고, 그 아래 평상은 마을 어르신들과 나그네에게 좋은 쉼터가 된다. 여기 있는 팽나무는 연리목이다. 다리목 삼거리에서 동남 방향 오르막길은 덕양전, 구형왕릉, 동의보감촌으로 이어진다. 강과 나란히 달리는 길을 따라 내려가다 보면 마을이 끝나는 지점에 이곳 분위기로는 전혀 예상하지 못한 카페가 나온다. 물론 요즈음 시골에도 웬만한 곳에는 세련된 도시풍의 카페가 많이 들어서고 있지만 이 카페는 몇 년 전 처음 문을 열었을 때, 주인이 젊은 총각이었다. 당시에는 친절하고 조용한 젊은 총각으로, 워낙 말이 없어 묻는 말에만 살짝 웃으며 대답하곤 했다. 여기가 고향으로 얼마 전에 결혼도 하여 이제는 총각이 아니지만, 변함없는 모습이 좋다.

마을을 벗어나면 엄천강의 모습은 보이지 않고 딸기를 키우는 비닐하우스가 나타난다. 이 비닐하우스를 지나치고 나면 다시 강물이 도로

———

물새들이 강여울에 발 담그는 엄천강.

옆으로 바싹 다가붙으며, 마치 조금 전 지나왔던 그 강변길이 아무렇지
도 않게 이어진다. 그러다 갑자기 강폭이 확 넓어지면 이제 엄천강과는
이별하고 드디어 경호강을 만나게 된다.

　행정지명으로는 상촌, 하촌이라 부르는 마을이 있는 이곳을 여기 사
람들은 곰내라고 한다. 곰내들에 양파와 마늘을 많이 심어, 혹시 마늘
과 곰의 설화와 관련 있을 것 같지만, 자료에 의하면 옛 지명인 고읍내
(古邑內)가 발음이 변하여 곰내가 되었다는 설이 있다. 『대동여지도(大
東輿地圖)』(1861)에는 산청읍에서 북쪽으로 올라간 곳에 '古邑'이란 글
씨가 적혀 있어 옛날에는 산청의 읍지였을 것이라고 하는 사람들도 있

으나, 16세기에 편찬된 『신증동국여지승람(新增東國輿地勝覽)』을 비롯한 다른 자료에는 고읍이라는 지명이 더 이상 보이지 않아 뭐라고 단정할 수는 없다.

대전-통영고속도로 생초IC를 빠져나오는 경호강 위로 고읍교가 놓여 있다. 다리를 건너면 생초면 소재지인 어서리가 나온다. 생초(生草)라는 지명은 1914년 행정구역 개편 때 생림(生林)과 초곡(草谷)이라는 이름을 합쳐 만든 것이므로 별다른 의미는 없는데, 행정명인 '어서리'를 어르신들은 '늘비'라고 불렀다. 오래전부터 생초장터를 늘비라고 한다는데 정확한 어원은 알 수 없다. 5월에 풀(草)이 생(生)기를 찾으면 이곳 생초는 분홍 꽃밭에 푹 빠지게 된다. 버스터미널 맞은편 언덕에는 꽃잔디로 뒤덮인 생초조각공원이 있다. 봄이 되면 많은 사람들이 찾아와 산청박물관, 생초 가야고분군, 조각공원 입구에 있는 목공예 장인인 목아 박찬수 전수관의 목공예 등을 함께 감상할 수 있다.

물이 흘러 내려가면 농업용수가 되고, 식수도 되고, 물고기 서식지도 된다. 예전에는 봄가을이면 회취(會聚)를 하고, 여름에는 천렵(川獵)을 했다. 물가 나무 그늘 아래 가마솥을 걸어놓고 물고기를 잡아다 한 솥 끓여 맘껏 하루를 즐겼다. 이것이 바로 농한기 놀이문화의 하나였는데, 이제는 그 음식이 상업적으로 변모하여 식당에서 메뉴로 활용되고 있다.

봄에는 고속도로나 국도보다는 지방도로에서 경호강 80리 물길과 함께 가슴 가득 봄을 담아갈 수 있다. 경호강 물줄기와 함께 갖가지 꽃들이 반겨 주는 지방도로를 따라가다 보면 오부면으로 들어서기 전 노란 개나리꽃이 웃으며 반갑게 맞이한다. 경호강 물줄기가 숲과 함께 숨바

꼭질하듯 곡선의 아름다움을 드러낸다.

오부를 지나 산청읍으로 들어오는 길은 산수유 가로수가 노랗게 물을 들인다. 산수유를 심기 전 과거에는 이곳 대부분이 뽕밭이었지만 지금은 농공단지가 들어오고 둑방길을 만들어 운동 겸 산책을 즐기는 지역민이 많아 새벽부터 밤늦은 시간까지 경호강은 사람들의 발길이 이어진다. 여름이면 래프팅을 즐기기 위해 전국에서 찾는 이가 많다. 때로는 잔잔한 물결로 인해 천천히 때로는 혼신의 힘을 다해서 패들링을 해야 할 때도 있지만 급류를 만나게 되면 절로 함성과 탄성이 터져 나온다.

산청읍 내리에서 출발하여 성심원으로 가는 강변길에서 만나는 사람은 누구나 친구가 된다. 같은 길을 걸어가지만 빨리 오라 재촉하는 이도 없고 느리다고 핀잔 주는 이도 없다. 그저 물길 따라 한 걸음 한 걸음 옮기며 수려한 경치에 흠뻑 취해 시골의 한가로움을 선물로 받을 수 있다. 성심원을 지나고 어천을 지나 수산교로 오면 경호강의 또 다른 풍경이 펼쳐진다. 봄부터 가을까지 뜨거운 태양 아래 전국에서 모인 강태공들이 강 가운데 낚싯대를 드리우고 은어를 낚고 있다. 은어는 은어를 미끼로 하는 독특한 방법으로 잡는다. 옛날에 임금님의 수라상에도 올릴 만큼 뛰어난 맛의 은어는 회로 먹으면 수박 향이 입안에 가득 퍼지고 튀김이나 구이로 먹으면 그 고소함이 일품이다.

강을 잠시 벗어나 대전-통영고속도로 산청휴게소에 들르면 색다른 먹거리가 있다. 바로 전국 어디에서도 맛볼 수 없는 '허준 한방 라면'이다. 전 국민의 사랑을 받는 라면이지만 특히 이곳 '허준 한방 라면'에는 몸에 좋은 한약재를 넣어서 끓이기 때문에 이 라면을 먹기 위해 일부러 산청휴게소에 들르는 이도 많다.

강물은 흘러흘러 단성을 지나 원지에서 양천강과 만나 남강으로 흘러간다. 이곳 적벽산과 경호강의 정경은 사진으로 다 담을 수 없고 글로도 다 표현할 수 없을 만큼 아름답다. 적벽산의 웅장한 강벼랑과 함께 우거진 숲의 조화가 근엄한 아버지의 모습이라면 잔잔한 경호강의 물길은 따스한 엄마의 품과 같다. 적벽산 강가에는 이른 아침이면 왜가리들이 한가로이 앉아 노닐고 해 질 녘에 붉은 노을이 찾아온다.

산길 따라가며 정(情)과 경(景)을 담다

일물마을 / 금포림 / 황매산 달빛

산이 많은 산청에는 해발 400미터 고지에 마을이 많이 형성되어 있다. 그중에서도 해발 450미터 일물마을은 오지로 손꼽히는 곳이다. 어느 쪽에서도 직접 접근할 수 있는 길이 없어 사실상 천연의 요새였다. 2015년에 원방마을에서 올라가는 길이 만들어지면서 가파르지만 차량도 마음 놓고 다닐 수 있고, 또한 부곡 방향이나 차황면 궁소마을로도 임도가 뚫려 있다. 하지만 여전히 산 아래에 있는 원방리에서 약 2킬로미터 되는 가파른 산길을 올라야 마을을 만날 수 있다. 그래서 겨울부터 봄 사이에는 마을 아래로 내려갈 수 없는 경우가 종종 생긴다. 2020년 현재 20여 가구, 50여 명의 주민이 거주하고 있는 여전히 평화로운 마을이다.

오른쪽 까마득한 계곡 바닥에는 예전 1960년대에 규산질 비료 원료를 캐내던 광산이 있어 좁은 시멘트 다리를 만들어 철 수레로 실어 냈다고 하는데, 그 잔해만 조금 있다. 지금은 그 자리에 작은 댐을 만들려고 공사가 한창이다. 1970년대 새마을운동을 하며 일물마을 사람들이 모두 부역을 하여 길을 내고 넓혔지만 여전히 차량은 다니기 힘들었고, 게다가 오르막이라 외지인들이 쉽게 찾아갈 엄두를 내지 못했다.

예전에 일물 아래 원방마을에 살았던 주민에 따르면, 예전의 일물은 큰 마을이었다. 원래 일물 사람들은 원방마을 쪽에서도 길이 없어서 부곡(오전리)으로 다녔다. 부곡에서 계곡을 따라 올라가면 큰 바위 두 개가 서 있는데 문바위라 불렀고, 그게 일물의 입구였다. 그러다 보니 일물은 피난처로서 자의든 타의든 세상을 등진 사람들이 모여들었고, 6·25가 끝난 이후에는 한참 동안 빨치산이 거점으로 삼았던 곳이기도 했다.

그런데 마을 이름을 왜 '일물(一勿)'이라 했을까? 한자어 그대로 보면 '한 가지가 없다', 또는 '아무것도 하지 말라' 정도로 해석이 가능하다. 깊은 산중이라 해가 없다는 뜻일까? 하나는 하지 말라, 즉 순박한 사람들이 모여 사는 곳이라 여기서는 나쁜 짓을 하지 말라는 의미였을까? 일물은 순박한 사람들만이 사는 곳이라 나쁜 사람이 하나도 없다는 의미로 나름 현대적 해석을 해본다.

마을 이름과 관련된 설에 대해 산청군청 홈페이지 '마을지명유래'에는 다음과 같이 설명하고 있다. "산세가 윗마을 상동(上洞)은 반월(半月)을 닮고, 하동(下洞)은 구름이 떠 있는 모양과 같아 운전(雲田)이라 하였다. 나중에 월륵(月勒)이라 부르다가, 조선 말기에 어느 현감이 '月' 자를 파자(破字)하여 일물(一勿)이라 개칭하였다고 한다." 그런데 노인들은 지금도 '얼리기'라 부르는데, 얼리기에서 월르기, 월륵으로 변화하지 않았을까 생각하면서도 심심산골에 세상과 단절된 피난처,

달과 구름만이 경계를 이룬다는 '월륵'이란 이름에 훨씬 더 정감이 간다.

　마을로 들어서면 가장 먼저 눈에 띄는 것이 담배 건조막이다. 돌과 흙으로 담을 높이 쌓고 나무로 불을 지펴 잎담배를 말렸던 곳이다. 지금은 거의 사라져 남아 있는 곳이 별로 없는데 일물에서 만나니 반갑다. 궐련이 나오기 전까지는 바삭해진 이 잎담배를 곱게 가루를 내어 곰방대에 재어서 피우거나, 네모나게 자른 종이에 가루를 놓고 김밥 말듯이 말아서 피웠다. 궐련을 만들 때는 종이 끝에 침을 살짝 발라 떨어지지 않게 붙였다. 곰방대로 피우는 담배는 서양의 파이프 담배와는 비교할 수 없는 우리만의 멋과 향, 삶의 애환이 담겨 있었다.

　마을 입구에서 오른쪽 길을 따라 안으로 조금만 들어가면 길 왼편에 우물이 있다. 지금은 지붕을 만들고 뚜껑도 덮었지만 바가지가 있는 것

지금은 거의 사라져 보기 힘든 담배 건조장.

———

으로 보아 여전히 사용하는 모양이다. 옛날에는 아침, 저녁으로 아낙네들이 물동이를 이고 나와 머리 위에 짚으로 만든 따바리(똬리의 경상도 방언)를 놓고 그 위에 물동이를 얹었다. 한 손으로는 물동이를 잡고 한 손으로는 얼굴로 흐르는 물을 훔쳐 가며 바삐 걸었다. 간혹 남자들이 물지게로 져다 주는 경우도 있었지만 우물은 여인들의 공간이다. 위쪽에서는 채소를 씻고 아래에서는 빨래를 했다. 우물가에서는 밤새 일어난 동네 뉴스가 입에서 입으로 전해진다.

한쪽 벽면 돌에 글씨가 새겨져 있다. 처음에는 무심코 '일물'이라 새긴 것으로 봤는데, 자세히 보니 '샘 천(泉)' 자이다. 우측에도 무슨 글자가 있었는데 돌이 파손되며 사라진 모양이다. 왼쪽 세로 두 줄의 글씨는 새긴 연도와 사람의 이름이다. 산청문화원에서 발간한 『산청석각명

일물마을 우물가 돌에 새겨진 샘천(泉) 각자.

문총람(山淸石刻銘文總覽)』에 의하면 '신묘(辛卯) 삼월(三月) 민백유(閔百裕) 서(書)'라는 각자로 1831년에 새겼다고 되어 있다. 분명 무슨 샘이라고 부른 그 명칭이었을 것인데 더 이상의 기록이 없어 안타깝다.

마을은 예전의 모습을 그대로 간직하고 있으며, 조금씩 허물어진 집들이 군데군데 자연스럽게 보여 그냥 걷기만 해도 좋다. 골목 안 오른쪽에 자리 잡은 집은 가히 농가박물관이라 해도 될 정도로 곳곳에 옛 물건들이 그 모습 그대로 자리 잡고 있었다. 물지게는 금방이라도 물 길러 가도록 대문 앞에 걸려 있고, 문간방 옆에는 시골에서 재산목록 1호였던 소를 기르던 외양간과 닭장도 있다. 구석구석 공간을 빈틈없이 잘 활용한 주인의 꼼꼼한 성격도 보인다. 대문간에 있는 발로 딛는 홀깨(벼훑이의 경상도 방언), 아궁이와 벌꿀 통, 이런 것들이 집과 함께 곧 사라진다는 말을 들었다. 집도 주인 따라 사라지고, 풍습도 세월 따라 사라지는 무상함에 걸음을 떼기가 어려웠다. 봄이 오면 오부면의 벚꽃도 장관이니 그때 다시 찾아가면 일물은 또 다른 색깔로 반길 것이다.

일물마을 입구에 있는 정자 곁으로 난 산길을 넘어가면 차황면이다. 한겨울의 차황면 실매리 점남마을에 부는 바람은 매서웠다. 황매산 아래 장박리에서 시작하여 흐르는 물줄기를 마을에서는 금천(琴川)이라 부른다. 이 금천변에 금포림이 있는데, 거기엔 600살도 더 된 왕버드나무 아홉 그루가 서 있다. 연일 김씨의 선조인 김주(金柱)가 1389년에 경주에서 왕버드나무를 가져와 심은 것이라고 한다. 이 나무들이 이제는 아름드리나무가 되어 마을의 상징물이 되었고, 이 숲에서 마을 사람들은 함께 어울려 이야기를 나누고 휴식을 취하기도 한다.

금포림에서 차황면 소재지에 이르는 1킬로미터 둑길에 심어진 찔레

수령 600년이 넘은 왕버드나무의 금포림 전경.

찔레꽃이 만발한 봄의 금포림 둑길,

꽃이 피는 5월이 오면 금포림은 하얀 찔레꽃 향기로 뒤덮인다. 매년 찔레꽃이 활짝 피면 금포림의 논은 공연장으로 변해 작은 음악회가 열린다. 사람들은 찔레꽃을 보러, 찔레꽃 노래를 들으러, 찔레꽃을 심은 사람들을 만나러 이 마을로 모여든다.

차황에 왔으면 황매산은 필수 코스다. 황매산은 차황면 소재지 북쪽으로 산길을 따라 30여 분 더 올라가야 하지만 약 7부 능선에 주차장이 있어 누구나 접근하기가 쉽다. 황매산 하면 대부분의 사람은 '철쭉'을 떠올린다. 철쭉이 5월을 붉게 수놓을 때면 철쭉제가 열려 많은 사람이 찾기 때문일 것이다. 그러나 산청 사람들에게 황매산의 황(黃)은 부(富)를, 매(梅)는 귀(貴)를 의미하여 전체적으로는 풍요로움을 상징하는 것으로 받아들인다.

황매산의 이름에 관해서는 여러 가지 설이 있다. 우선 한뫼산으로 '한'은 큰(넓은), '뫼'는 산이란 순우리말에서 비롯되었다는 해석이 있다. 또 황매산의 주봉은 해발 1,108미터로 정상에 올라서면 주변의 풍광이 활짝 핀 매화 꽃잎 모양이라, 또는 아래에서 보면 황매산의 암(岩)봉이 활짝 핀 매화를 닮아 마치 매화꽃 속에 홀로 떠 있는 듯 신비한 느낌을 주기 때문이라는 해석도 있다. 그만큼 세인들의 관심과 사랑을 받는 산이다.

황매산은 예로부터 선인들이 수도한 곳으로도 이름나 있다. 그중에서도 이성계(李成桂, 1335-1408)의 조선 건국을 도운 왕사 무학대사(無學大師, 1327-1405)와 관련된 이야기가 지금도 회자된다. 무학대사가 황매산 정상에서 북쪽으로 50여 미터의 암봉 아래 있는 동굴에서 수도할 때 그의 어머니가 이 산을 왕래하며 수발했다. 어느 어두운 밤에 노모

봄이 오면 황매산을 붉게 물들이는 철쭉.

가 올라오다가 뱀에 놀라 넘어지면서 칡넝쿨에 걸리고 땅가시에 긁혀 발에 상처가 났다. 이 상처를 본 무학대사가 100일 기도를 드려 이 셋을 없앴다고 한다. 실제로 황매산은 지금도 뱀, 칡넝쿨, 땅가시가 없는 삼무의 산으로 알려져 있다. 그 후 누구라도 정성 들여 기도하면 한 가지 소원은 반드시 이루어진다는 소문에 많은 사람들이 찾는 곳이 되었다.

늦가을 보름달이 뜰 때면 황매산에서는 달빛과 어울려 춤추는 억새를 만날 수 있다. 달빛 아래 춤추는 억새는 숨이 막힐 것만 같은 황홀함을 준다. 달은 어디에서나 볼 수 있어 천 개의 강에 모습을 비추고 천 개의 산에 걸려 있지만 실제는 하나의 달이다. 하지만 늦가을 황매산

봉우리 위에는 황매를 닮은 달이 또 하나 떠 있다. 깜깜한 산 능선 위로 탐스럽게 솟아오른 보름달이 톡톡 하고 두드리고 싶을 만큼 가까이 떠 있다. 태양은 눈이 부셔 제대로 볼 수 없지만 달은 땅의 황매처럼 오랫동안 바라보아도 지치지 않는다. 태양 빛을 잘 흡수했다가 어두울 때 그 빛을 내뿜는 달, 마치 겸손하고 온화한 사람을 보는 것 같다. 점점 어둠이 짙어지자 달빛에 가려져 있던 별들도 하나둘 보인다. 반짝이는 무수한 별들이 금방이라도 와락 쏟아져 내릴 것만 같다.

쭉 이어져 있는 능선 길을 걷다가 되돌아가서 언덕까지 올라가면 아래로 산청읍도 보이고, 멀리 진주시의 불빛까지도 보인다. 높은 곳에서 보니 그 먼 거리도 바로 발아래 있는 느낌이다. 뱀도 칡넝쿨도 땅가시도 없으니 내려오는 동안 마음 놓고 맨발로 흙길을 밟을 수 있는 산이다.

황매산 달빛 야경.

———

오래된 마을에서 정겨움을 나누다

단계마을 / 한옥 / 용담정사 / 들돌

황매산 아래 차황면 장박에서 발원하여 차황과 신등을 잇는 지방도 1006호와 나란히 내려오는 단계천이 흐르는 단계마을은 산청읍에서 13킬로미터 정도 동남쪽 신등면에 있다. 신등면은 생비량면, 신안면과 인접하고 동북으로는 합천군 가회면과 경계를 이루고 있다. 특히 단계 는 산청군 전체 110여 개의 문화유산 중 30여 개가 있을 정도로 유서 깊은 고을이다.

이 단계마을을 찾아가는 길은 다양하지만, 우선 대전-통영고속도로 단성IC, 또는 3번 국도 원지 갈림길에서 동북 방향 신등면으로 들어서 면 산뜻한 시골길의 정서를 만끽할 수 있는 길이 있다. 이어지는 길인 신차로를 따라가면, 봄에는 노란 산수유와 벚꽃, 철쭉이 만발하고 가을 에는 잘 익은 사과가 가득한 과수원, 다랭이논, 황매산의 아름다운 풍광 이 있는 차황면으로 진입하기 전에 단계마을이 나온다. 마을로 들어가

고즈넉한 단계마을 돌담길.

면 낮은 기와지붕과 둥글둥글 강돌과 붉은 황토가 만난 담장과 소담하니 자리 잡은 한옥 지붕의 집들이 예전 시골의 정겨움을 느끼게 한다.

한때 적촌현(赤村縣)이라고 불리었던 단계에는 현청이 있었고, 지금도 신등면 소재지로 약 600여 가구가 산다. 단계(丹溪)라는 말은 날씨가 건조하면 하천의 물이 붉게 보인다는 데서 유래했으며, 조선 초기까지는 단계 북쪽에 있는 둔철산에 철을 주조하는 제련소가 있었기에 붙여진 지명이다. 또한 황매산 아래에 철수마을이 있는 등 아직도 쇠와 관련된 지명들이 많이 남아 있다.

과거 경남의 동남쪽에서 단계마을로 들어오는 사람들은 반드시 멈춰야 하는 곳인 지마재(止馬峴)가 있다. 지마재는 조선 시대 하주지방(함안, 창녕 등) 사람들이 북쪽으로 가는 길목으로, 이곳에서는 반드시 말을 멈추고 내렸다 하여 붙여진 이름이다. 단계리 일원에 사는 사람들은 대다수가 양반이었기 때문에 말을 타고 그냥 지나가면 안 되고 말에서 내려 양반들에게 인사를 하고 말을 끌고 마을을 지나간 다음 다시 말을 타고 떠났다. 단계 동북쪽 지금의 수청마을 앞 2킬로미터 지점에는 도들막(말을 타기 위해 발을 딛고 올라 탈 수 있도록 한 곳)이 있고, 중북부 5킬로미터 지점에는 고마정(呵馬亭: 말 엉덩이를 두들겨 달리다)이라는 지명이 남아 있다.

이 마을은 조선 세조 때 진양 유씨가 먼저 자리 잡았고, 이 집안에 안동 권씨가 사위로 들어왔다. 이후 안동 권씨 집안의 외손인 순천 박씨가 들어오면서 유씨, 권씨, 박씨 세 성씨가 반촌을 형성했다. 단계한옥마을은 권씨고가(경상남도 문화재자료 제120호), 박씨고가(경상남도 민속문화재 제4호) 등을 비롯해 등록문화재 제260호로 지정된 산청 단계마을 돌담이 어우러지며 예스러움을 한껏 풍긴다. 1980년대 들어 단계마을을 한옥 보존단지로 조성하면서 파출소, 참기름집, 분식집 등 많은 건물에 기와지붕 공사가 이뤄졌고 새마을 사업으로 돌담을 허물고 시멘트 블록으로 바뀌었던 담장도 차츰 돌담으로 복원했다.

경남 문화재자료 제120호로 지정된 권씨고가의 솟을대문은 평소에는 굳게 닫혀 있고, 왼쪽으로 출입할 수 있다. 담장 곁에 서 있는 안내판에 "이 고택은 안채 종도리와 상량문에 의하면 1919년 무렵에 처음 발견된 것으로 추정된다"라고 적혀 있다. 안채는 정면 다섯 칸, 측면 두 칸의 팔작지붕, 골기와 구조이다. 가운데 대청 북쪽에 우리나라 한옥에서는 볼 수 없는 제사 지내는 특이한 공간이 눈길을 끈다. 안채나 사랑채 모두 하나의 건물에 여러 개의 방을 만든 것이 특이하다. 손님이나 과객의 유숙을 염두에 두었기 때문이며, 방이 모두 미닫이로 구분되어 있는 것을 보면, 여러 명이 미닫이를 열고 회의도 하고 각지에서 모인 선비들이 유숙하며 시도 짓고 안부도 묻고 하였을 것이다.

그 외 곳간채와 별채, 뒷간채, 우물 등이 있는데, 뒷간채는 세 부분으로 좌측은 화장실, 가운데는 헛간, 우측은 목욕탕이다. 목욕탕은 물을 데우는 가마솥이 있고, 반대편에는 옷을 벗어 둘 수 있게 작은 마루 공간을 만들었다. 화장실은 두 사람이 함께 사용할 수 있는 구조였다. 과

단계 권씨고가.

거에는 화장실이 안채와 멀리 떨어져 있어서 혼자 화장실을 가는 것이 무섭고 위험하여 주인 아씨가 화장실을 갈 때 여종이 함께 갔던 흔적이다. 이 집을 둘러보면 전체적인 구조나 배치에 일본식 구조가 섞여 있어 아쉬움이 남는다.

권씨고가를 나와 단계천 방향으로 몇 발짝 걷다가 왼쪽 골목으로 들어가면 단계 김인섭의 고가가 있다. 김인섭은 열일곱 살에 진사에 합격하고, 20세에 문과에 급제하여 사간원 정언이 되었다. 한국관광공사의 자료에는 "문과에 급제하던 1846년(헌종 12)에 하사받은 어사화를 만나 볼 수 있다. 어사화는 행차 때 수레 앞에 꽂았던 물건이다. 170여 년의 세월이 흐르면서 훼손이 되는 등 보관의 어려움이 있어 경상대박물관에 기증할 계획이라고 한다"라고 소개되어 있지만 문이 굳게 닫혀 있어 들어가 볼 수 없었다.

왔던 길을 돌아 나와 골목을 따라가면 박씨고가를 만난다. 솟을대문이 아닌 소박한 대문을 들어서면 시렁이 보인다. 시렁은 처마 밑에 매달린 오래된 나무 막대기처럼 보이지만, 옛사람들의 정서가 고스란히 드러난다. 어린 시절 처마 밑에 달린 시렁에는 보리밥을 담은 대바구니가 올라가 있기도 했고, 비가 오면 거두어들인 고구마 빼때기가 널린 대소쿠리가 앉아 있기도 했다. 조선 중기의 학자 김정국은 물건을 계속 모으는 지인 황 씨에게 보낸 편지에서 시렁을 책을 올려놓는 서가로 묘사한다. 김정국은 시렁에 가득 꽂힌 책을 선비가 버리면 안 되는 열 개의 물건 중 으뜸으로 올려놓았다.

"듣건대, 그대의 의식과 제택이 나보다 백 배라 하는데, 어찌하여 그칠 줄 모르고 쓸데없는 물건을 모으는 것이오. 없을 수 없는 것은 오직 서적 한 시렁, 거문고 한 벌, 벗 한 사람, 신 한 켤레, 잠을 청할 베개 하나, 환기 하는 창 하나, 햇볕 쬐일 마루 하나, 차 달일 화로 하나, 늙은 몸을 부축 할 지팡이 하나, 봄 경치를 찾아다닐 나귀 한 마리오. 이 열 가지는 비록 번거롭기는 하나 하나도 빠질 수 없는 것이오."[9]

시렁과 비슷한 것으로 살강이 있는데, 살강은 그릇을 얹어 놓기 위하 여 부엌의 벽 중턱에 물기가 잘 빠지도록 발처럼 엮어서 만든 선반이 다. 시렁과 살강은 두 개의 긴 막대를 가로질러 선반을 만든다는 것은 같지만 살강은 두 개의 긴 막대 사이에 발처럼 가는 막대를 가로질러 놓았다는 것이 시렁과 다른 점이다. 천천히 마을을 돌아다보면 이렇게 이제는 박물관에나 가야 볼 수 있는 시렁도 직접 만날 수가 있다.

박씨고가의 구조는 안채, 사랑채, 문간채, 곳간채가 평면에 ㅁ자형으 로 배치되어 있다. 안채를 1918년에 짓고, 그 외의 가옥은 1940년경에 지었다고 한다. 안채는 정면 다섯 칸 반, 측면 두 칸 규모에, 대청마루 북쪽 면은 틔우지 않고 도장방을 만들어 창고로 활용한 것이 실용성을 중시한 구조이다.

박씨고가 인근 서쪽 산 아래 도로변에 눈에 띄는 건물이 있다. 바로 용담(龍潭) 박이장(朴而章, 1547-1622)을 기리기 위한 사당인 용담정사 (龍潭精舍, 경남 문화재자료 제558호)다. 대지가 길쭉하다 보니 대문, 용 담정사, 사당, 협문이 산과 도로를 따라 옆으로 길게 이어진 독특한 구

---

9) 이기찬, 「송와잡설 松窩雜說」(『국역 대동야승』 XIV, 민문고, 1989), 182쪽.

단계초등학교 교문인 삭비문.

조로 근대적인 건축 기법이 잘 반영된 것으로 평가받는다. 박이장은 조선 중기 경북 고령 지역에서 활동한 문인으로, 임진왜란 때는 의병을 일으켰고 여러 관직을 지내다 고향으로 돌아와 후학 지도에 애썼다. 이 건물은 후손이 1926년에 세운 것으로 안내문에 설명되어 있다.

단계마을의 단계초등학교에는 알록달록한 현대식의 네모난 교실 건물과 어울리지 않는 솟을대문이 있다. 이 대문에 삭비문(數飛門)이라는 현판이 새겨져 있고 담벼락은 돌담으로 길게 이어져 있다. 삭비(數飛)란 어린 새가 수없이 많은 날갯짓을 해야 하늘을 날 수 있다는 뜻이다. 솟을대문으로 교문을 만들어 삭비라고 새긴 것은 어린 학생들이 부지

런히 배우고 익혀 새처럼 하늘을 향해 꿈을 펼치라는 의미를 담고 있다.

마을 동쪽 끝 물가 공터에는 산청 단계리 석조여래좌상이 앉아 있다. 안내판의 설명에 따르면, 단계마을은 풍수지리상 지형이 배의 모양새인데 이 배를 띄우기 위해서 예로부터 냇물이 넘쳐 물난리가 잦았다. 이에 마을 사람들은 부처의 힘으로 물난리를 막기 위해 이곳에 불상을 세웠다. 그런데도 물난리가 계속되자 배에 돛대와 삿대가 없었기 때문이라고 여겨 그것들을 만들어 주위 가까운 나무에 걸어 두었더니 그 뒤로 수해가 없었다는 이야기가 전해 온다.

그런데 불상의 손이 두 개 모두 있으면 배를 저어 떠난다 하여 불상의 한쪽 손을 떼어 냈다고 하는 전설도 함께 전한다. 그런 까닭인지 현재의 불상은 오른쪽 팔 부분이 거의 떨어져 나간 채 훼손되어 있어 원래 모습을 알아보기 힘들다. 과거 수해를 자주 당했던 주민들의 간절함이 느껴진다.

단계마을에서 조금 떨어진 합천군과 경계 지점에 있는 신등면 평지리 관이마을 입구로 가면 성황당, 원앙송, 선도대, 들돌의 역사와 전설을 한 곳에서 만날 수가 있다. 성황당(城隍堂)은 서낭당이라고도 하는데, 옛 문헌에 의하면 고려 문종(文宗, 1019-1083) 때 북방의 신성진(新城鎭)에 성황사(城隍祠)를 둔 것이 시초이며, 그 뒤 고려에서는 전국의 각 주부현(州府縣)마다 서낭을 두고 이를 극진히 수호하도록 했다. 특히 고려 고종(高宗, 1192-1259)은 침입한 몽골 병사를 서낭의 수호신이 물리친 것으로 믿어 그 후 그 신호(神護)를 국가에서 관리하였다는 기록이 있다.

예전부터 각 지방의 고갯마루나 신성시되는 자리에는 반드시 성황당을 만들어 마을의 수호신으로 추앙하는 전통이 있다. 그 형태는 서낭나무에 잡석을 쌓은 누석단(縷析壇)이 있고, 이 신수(神樹)에 청, 홍, 백, 황, 흑의 오색 비단을 잡아매었다. 이는 마을과 마을 간의 거리 측정 표지가 되었으며 마을에 질병이나 돌림병이 발생하면 주민들이 기도하며 병이 치유되기를 바라는 기도소가 되었다. 또 다른 한편에서는 임진왜란 시기에 비무장의 마을 주민들이 왜적에 대항해 투석으로 항쟁하고자 돌을 모았다는 설도 있다.

평지리 성황당 옆에는 수령 200여 년의 약간 붉은 빛을 띠는 적송 두 그루가 애틋하게 서로를 감싸고 있다. 이곳 주민들은 옛날부터 이 나무를 부부송 혹은 원앙송(鴛鴦松)이라 불러 왔다. 마을에 전해 내려오는 이야기에 의하면, 남아선호 사상이 강했던 옛날에 자식이 없거나 사내아이를 낳지 못한 부부는 좋은 날을 받아 자시(子時)에 이 나무 앞에 정화수를 떠다 놓고 빌었다. 또한 며느리나 출가한 딸의 부부 금실이 좋지 못하면 시어머니나 친정 부모가 여기 와서 빌면 좋아졌다고도 한다.

시댁이나 남편으로부터 버림받은 여인이 한밤중에 이 나무 아래에 와 있으면 인근의 혼인 못한 노총각이나 상처한 홀아비가 몰래 와서는 여자의 얼굴을 가리고 무명베에 싸서 먼 동네로 떠나 부부의 연을 맺었다는 이야기도 전해 온다. 부부송은 수백 년을 이어오며 기이한 사연을 모두 알고도 비밀을 지키며 지금도 담담히 서 있다.

선도대(善導臺)란 옛날 향약의 규약을 어지럽히는 자를 교정하는 곳으로, 마을에 망나니가 있으면 사람들은 관청에 끌고 가는 대신 멍석에 죄인을 말아 뭇매로 사형(私刑)을 가했던 장소다. 멍석말이란 한 집안이나 동네에서 못된 짓이나 난폭한 행동을 하고도 뉘우칠 줄 모르는 자가 있으면 문중의 회의를 거친 후 촌장의 지시에 따라 멍석으로 범법자

배를 젓지 못하게 한 손을 떼어냈다는 석조여래좌상.

원앙송.

를 둘둘 말아 온 집안 식구나 동네 사람들이 뭇매를 가해 그 나쁜 버릇과 습속(習俗)을 고쳐 주는 것이다. 또한 선도대는 교정 기능 외에도 마을의 경사나 유희를 하는 장소로도 활용했다.

들돌이란 정월 대보름이나 음력 2월 1일 머슴날에 머슴들이 들었던 돌이다. 머슴날은 성인식을 하는 날이기도 하다. 성인이 돼 마을 공동 노동조직인 두레패에 들어가기 위해 힘을 시험하는데 약 100근(60킬로그램) 정도 되는 둥근 돌을 들어 올리는 '들돌 들기'를 했다. 또한 소동들이 어른으로 인정받기 위해 또는 농사에 필요한 힘을 기르기 위해 들었던 돌이기도 하다. 반면 무게가 다른 세 개의 돌을 준비하여 어느 돌을 드느냐에 따라 머슴의 몸값이 달라졌다. 즉, 힘에 따라 새경을 정하는 것이기도 하다. 평지리에 가면 들돌이 있어 힘자랑도 해볼 수 있다.

들돌.

물과 바람 따라 걷다

생비량 / 장란보 / 도전리마애불상 / 양천강 / 성철 스님 순례길

단계에서 원지 방향으로 나오면 문대 로터리가 있는데, 그곳에서 20번 국도를 따라가면 생비량면이 나온다. 조선 중엽 생비량면에 있는 절에 '비량(比良)'이라는 스님이 살았는데, 워낙 덕망이 있어 사람들이 많이 따르고 의지했다. 스님이 돌아가실 때가 되자 마을 사람들에게 비량 스님은 "내가 죽은 뒤 마을 이름을 '생비량'이라 부르면 살아날 것이다"는 유언을 남기고 입적했다. 마을 사람들은 스님을 생각하며, 스님이 항상 곁에 있다고 믿으며 그때부터 마을 이름을 생비량이라 부르기 시작했다.[10]

생비량면은 옛 단성 고을 일부였던 생비량면과 도산면의 일부를 1914년 산청군의 통합행정구역 개편에 따라 생비량면으로 하고 면 소

---

10) 손성모, 『산청의 명소와 이야기』(좋은생각나라, 2000,) 359쪽.

재지를 1944년 지금의 도리 외동도로 옮겼다. 생비량면 도로변을 따라 흐르는 강이 '양천강'이다. 합천군 자굴산에서 발원하여 삼가, 의령 대의면을 거쳐 산청의 생비량면과 신안면으로 흐르며 단계천과 합수되고 마지막에 경호강과 합쳐져 남강으로 유입되는데, '생비량천'으로 부르기도 한다. 강의 흐름이 완만하여 남강댐 축조 이후 장마철에 침수 피해가 잦은 곳이기도 하다.

생비량면에서 20번 국도를 따라 다시 문대 방향으로 오다 보면 도로변에 벽화로 추억과 옛이야기를 전해 주는 장란마을이 나온다. 장란마을 앞에 놓인 다리 아래로 하천을 가로지르는 보(洑)가 보인다. 물장구를 치고 싶은 마음에 내려가 물에다 발을 담그고 잠시 앉아 있다 보면, 누군가 가만히 등을 두드리는 느낌이 들지도 모른다. 너무 놀라지는 마라. 아마 마을 벽화에서 봤던 요술 방망이를 들고 있는 그 도깨비일 것이다.

이 장란보는 운창(雲牕) 이시분(李時馩, 1588~1663)이 27세 때 완성했다. 천여 두락의 넓은 도전 들판은 토질이 메말라 농사를 지어도 수확이 적어서 농민들의 생활이 힘들었다. 이를 안타깝게 여긴 운창은 큰 비용을 들여 측량하고 수리를 도울 제방을 축조해 보를 만들었다. 보는 논에 물을 대는 관개 수리시설의 하나로 농경사회에서는 매우 중요한 구실을 한다.

그런데 여기에 보를 만들면 홍수가 날 때마다 보가 떠내려가 버렸다. 지금처럼 중장비가 있다면 쉬웠겠지만 사람의 힘으로만 작업하던 시기에는 큰 골칫거리가 아닐 수 없었다. 운창도 이 점을 늘 고민했는데, 어느 날 꿈에 백발노인이 나타나 보를 만들 자리를 가르쳐주었다. 새벽

장란 벽화마을의 도깨비 그림.

동이 트자마자 나갔더니 노인이 말한 그 자리에 하얀 서리가 내려 마치 금을 그어 놓은 듯했다. 그 자리를 표시하고 보막이를 시작했지만 물살이 거세 작업이 제대로 진행되지 못하고 있었다.

그런데 어느 날 도깨비들이 몰려와 메밀 죽을 달라고 하여 마을 사람들이 메밀 죽을 쑤어 줬더니, 그 죽을 먹고 나서 도깨비들이 모두 달려들어 하룻밤 사이에 나락섬 같은 큰 돌을 굴려다가 100미터가 넘는 보를 뚝딱 만들었다. 그런데 그때 죽을 못 얻어먹은 도깨비가 있었는데 심술이 나서 돌을 하나 빼버려 항상 그곳이 탈이 났다고 한다. 그때부터 사람들은 이 보를 도깨비 보라 불렀으며, 돌이 빠진 곳에 1963년 시

지금은 시멘트로 보강된 도깨비 보 모습.

멘트로 보수 작업을 하여 현재는 문제가 없다. 이 보를 만든 후부터 도
전 들판은 가뭄에도 걱정 없이 농사를 지을 수 있게 되었다.[11]

도깨비 전설이 있는 장란보를 만든 이시분은 단성현 어은동에서 출
생하여, 어려서는 중부(仲父)로부터 퇴계와 남명의 학문을 배웠다. 과
거에 몇 번 실패한 후 뜻을 접고, 20대에 한강(寒岡) 정구(鄭逑, 1543-
1620)를 찾아가 스승으로 모시고 운창정사(雲牕精舍)를 지어 학문에만
매진했다. 53세인 1640년 자신이 사는 단성 지역의 자연, 인물, 호구,

---

11) 손성모, 『산청의 명소와 이야기』(좋은생각나라, 2000,) 361쪽.

풍속 등을 정리해 후세 사람들에게 경계를 삼고자 『단구지(丹丘誌)』를 엮었다. 이를 『단성지(丹城誌)』라고도 하며, 지역 사람들은 그의 호를 따서 『운창지(雲牕誌)(운창지)』라고도 부른다. 이 책은 당시의 단성현 역사를 알 수 있는 자료라 지금도 중요한 학술 자료로 평가받는다. 이시분은 65세에 덕천서원(德川書院) 『사우록(師友錄)』을 편수하고, 76세(1663년)에 어은정사에서 생을 마쳤다.

선대로부터 받은 부를 개인의 안락함에 사용하지 않고 마을 사람들을 위하여 보를 쌓은 한 선인을 생각하며 걷다 보면 암벽에 새겨 놓은 마애불상군을 알리는 표지판이 보인다. 경상남도 유형문화재 제209호로 지정된 도전리마애불상군에는 29구의 불상이 암벽에 새겨져 있다. 10세기 전반에 조성되었으리라 추정되는데, 절벽에 네 개의 층으로 배

도전리 길가 벼랑의 한 바위 면에 새겨져 있는 29개의 크고 작은 마애불상군.

열되어 1층 14구, 2층 9구, 3층 3구, 4층 3구로 배치되었다. 불상의 크기는 50센티미터 넘는 것에서 6센티미터밖에 안 되는 것도 있지만 대체로 30센티미터 안팎이다.

불상의 모습은 다양하지만 연꽃 대좌 위에 결가부좌한 자세로 소발에 큼직한 육계가 있고 얼굴은 둥글고 단아하지만 마멸이 심하다. 존명을 알 수 있는 불상은 아미타불과 약사불이다. 각 지방에서는 향도 조직을 중심으로 공덕을 쌓기 위해 불상을 조성하고 각종 불사를 행했는데 이는 산청도 예외가 아니었을 것이다. 암벽에 새겨진 불상은 누구를 위한 것일까? 암벽 앞을 오가며 번뇌에 시달리는 중생들을 위한 것이 아니었을까? 현세의 고통을 씻어 줄 듯한 불상들을 보며 하루하루를 살아가지 않았을까?

도전리마애불상군의 상념을 떨치고 내려와 계속 이동하다 보면 왼편에 갈비로 유명한 식당이 있다. 이 마을은 도로를 가운데에 두고 마주보며 있는데, 옛날 한양으로 가는 길목이며 물가라 '한빈'이라는 지명으로 불린다. 양천강변에 있는 마을 뒤편에는 금강송이 우거진 곳이 있는데, 양지바른 남쪽으로는 하표정(霞標亭), 청송 심씨 문중의 모암재(慕巖齋), 함안 이씨 문중의 탁한재(濯漢齋)의 기와집들이 보인다.

소나무 속으로 들어서면 한하루(漢霞樓)라는 멋진 정자가 서 있고, 그 아래 작은 절벽에 '赤壁(적벽)'이란 각자가 두 군데나 있다. 3번 국도로 산청에서 원지로 가는 경호강변의 '적벽'과 달리 하표정, 한하루에 모두 '노을 하(霞)' 자가 들어 있으니 저녁 무렵에 온다면 여기서 보는 노을이 멋질 것이다. 산 좋고 물 좋고 정자 좋은 데는 없다지만 길손에게 이만한 쉼터도 만나기가 쉽지는 않다. 6월에는 강 건너 둑에 금계국

국도 20호인 지리산대로를 따라 흐르는 양천강.

성철 스님 순례길로 들어가는 신안강변 둔치 다리.

성철 스님 순례길 .

이 노랗게 피고 초가을에는 꽃무릇이 눈길과 발길을 붙잡는다.

양천물길을 따라가면 강은 이제 신등천과 만나 문대, 청현, 신기 들판으로 흘러 어느덧 경호강과 만나는 두물머리인 원지 둔치에 닿는다. 해는 서쪽의 천왕봉 위에 걸려 있지만, 여기서부터 엄혜산을 끼고 강을 따라 성철 스님 생가지인 겁외사까지 2.3킬로미터 산책로가 있다. 최근에 산청군에서 '성철 스님 순례길'이란 명칭으로 만들었는데 걸음으로 반 시간 정도 걸린다. 성철 스님 순례길은 젊은 시절 성철 스님이 이 주변을 걸으며 수행했다는 자서전을 토대로 만들었으며 성철 스님의 가르침을 따라가는 순례의 길이다. 누구나 이 길을 걷게 되면 성철 스님처럼 깨달음을 얻을 것 같다.

성철 스님 순례길은 신안강변 둔치에서 출발하여 낮은 다리를 건너 데크로 이어져 있는데, 데크길 아래에는 실제로 성철 스님이 걸었던 좁은 강변길이 끊어졌다 이어졌다 하며 보인다. 길을 따라가면 맑은 강물을 여유롭게 즐기는 물고기와 철새들이 찾아온 이들의 발길을 붙들고 잠시 마음에 평화를 준다. 강이 주는 선물이 이런 것일까? 4월이면 엄혜산을 끼고 있는 양천강 주변에는 벚꽃이 만개하고 엄혜산에는 분홍빛 진달래가 부끄러운 듯 살며시 고개를 내민다. 해 질 녘에 바라본 지리산과 붉게 물든 하늘의 조화는 이곳 청정지역 산청이 아니면 볼 수 없는 장관이다.

성철 스님 하면 아마도 가장 먼저 떠오르는 것이 "산은 산이요 물은 물이로다"라는 법어일 것이다. 도대체 이 평범한 말 속에 어떤 큰 가르침이 있을까? 성철 스님은 1912년 경남 산청군 단성면 묵곡리에서 태어났다. 1936년 25세에 하동산(河東山, 1890-1965) 스님을 은사로 사미

계를 받고 출가했다. 1981년 70세에 조계종 제7대 종정에 추대되었으나 취임법회에는 나가지 않고, 종정 수락 법어에서 "아아, 시회대중(時會大衆)은 알겠는가? 산은 산이요, 물은 물이로다"란 법어를 대중에게 던졌다.

생비량 장란보에서 시작한 발걸음이 겁외사에 도착하니 제일 먼저 눈에 들어오는 것은 위로 지나가는 대전–통영고속도로이다. 일반적인 사찰의 이미지와는 사뭇 다르다. 24시간 차량이 소리를 내며 달리는 고속도로 아래에 있는데 '겁외사(劫外寺)'라는 절 이름이 큰스님이 태어난 장소임을 말해 준다. 겁외사, '시간 밖의 절' 즉 세속의 시간과 공간을 벗어나 진리와 함께하는 절이라는 뜻으로 스님이 말년에 잠시 머무르던 부산의 거처에 주석하면서 방문 밖에다 겁외사라고 적어 붙여 놓은 데에서 사찰명의 유래가 있다. 사찰 입구에는 불법을 수호하는 천왕문을 생략하고 벽해루 누각을 세웠고, 안으로 들어서면 오른쪽 돌에 새겨진 "자기를 바로 봅시다"라는 성철 스님의 말씀이 잠시 발길을 멈추게 한다. 이 말씀은 1982년 초파일 법어로, 대중이 늘 자기 자신을 제대로 보기를 바라는 성철 스님의 가르침을 담고 있다.

성철 스님 동상 뒤편에 스님의 생가가 있다. 이곳은 스님이 해인사로 출가하기 전 이영주(李英柱)라는 속명으로 25년을 살았던 곳이나 모든 건물은 새로 건립된 것이다. 혜근문을 통과하면 정면의 안채는 선친의 호를 따서 율은고거(栗隱故居)라고 이름을 붙였고, 해인사 백련암에서 생활할 때의 방 모습이 그대로 재현되어 있다. 오른쪽 사랑채는 율은재(栗隱齋)로 부친의 유물들이 전시되어 있으며, 왼쪽 포영당(抱影堂)에서는 누더기 가사, 장삼, 고무신, 지팡이, 친필 자료, 안경, 필기구 등 스

경호강과 양천강이 만나는 두물머리 전경.

님의 유품을 볼 수 있다.

또한 여기에서는 스님이 평소에 즐겨 쓰던 화두를 붓글씨로 쓴 '마삼근(麻三斤)'과 '불기자심(不欺自心)'을 볼 수 있다. 마삼근은 부처가 무엇이냐는 질문에 동산수초(洞山水初) 선사가 '마삼근'이라고 했다는 것이다. 삼 씨를 심어 그것으로 마사를 얻고 마사 세 근으로 승복을 짓는 것과 같은 과정을 거쳐야 부처가 된다는 뜻이다. 불기자심은 평소에 불자들에게 늘 '자신을 속이지 말라'고 가르침을 주었던 화두이다. 성철 스님이 어떤 마음으로 불도에 정진했는지를 짐작할 수 있는 글이다.

4장

길 따라
선비 따라

—

선비 정신

산청의 서원과 향교

덕천서원 / 도천서원 / 서계서원 / 대포서원 / 배산서원 / 산청향교 / 단성향교

산청에는 행정 규모에 비해 서원(書院)이 많은 편이다. 나아가서는 뜻을 펼치고, 물러나서는 그 뜻을 지키는 것이 선비들의 정신문화였다면, 산으로 둘러싸여 있으면서 골짜기마다 물이 넘쳐흐르는 산청은 정치에 뜻을 두지 않는 산림처사들에게 좋은 은거지였다. 따라서 산청은 자연스레 선비의 고장이 되었으며, 남명 조식 선생을 모신 덕천서원을 비롯하여 크고 작은 14개 서원(덕천서원, 도천서원, 신계서원, 대포서원, 서계서원, 배산서원, 목계서원, 효산서원, 도양서원, 봉산서원, 완계서원, 우계서원, 청곡서원, 평촌서원 등)에 서린 선비의 기개는 오랜 시간 동안 맑고 푸른 산청의 정신문화를 이어 주고 있다.

　서원이 일종의 개인적 학문의 산실이었던 반면에 향교(鄕校)는 지방의 공교육을 담당하는 기관이었다. 조선에는 서울의 성균관을 중심으로 관아가 있는 곳에는 향교가 있었다. 산청에는 산청향교(山淸鄕校)와 단성향교(丹城鄕校) 두 곳이 있으며 모두 낮은 산을 배경으로 하여 '전학후묘, 전저후고(前學後廟, 前低後高)'의 형태로 배치하였다. 즉 앞은 강학 공간인 명륜당(明倫堂), 뒤는 제향 공간인 대성전(大成殿)이며, 앞이 낮고 뒤가 높은 구조를 이룬다. 이러한 구조는 입구에서부터 하마비, 홍살문, 외삼문, 강당, 내삼문 그리고 문묘 공간으로 이어진다.

조선 시대 향교는 국가로부터 토지와 전적, 노비 등을 지급받아 교관이 교생을 가르쳤으나, 갑오개혁(甲午改革, 1894년) 이후 신학제 실시에 따라 교육적 기능은 없어지고 봄가을에 석전(釋奠)[12]을 봉행(奉行)하며 초하루와 보름에 분향하고 있다. 향교에 배향한 성현은 공자·안자·증자·자사·맹자의 5성과 송조 6현, 동국 18현을 모시는데, 다만 송조 6현 중 주자·정자 2현만 모시거나, 주돈이와 정이를 넣어 4현, 또는 소옹과 장재까지 포함하여 6현 모두를 배향하거나 하는 차이는 있다.

서원과 향교는 세월의 흐름에 따라 소실되기도 했고 다시 중건과 중수를 하면서 원래의 모습에서 많이 변형되었다. 또한 시대가 변함에 따라 남아 있는 건물도 퇴락했다. 조선 시대에 담당했던 중요한 기능과 역할은 대부분 사라졌고, 이제는 겨우 춘추향사만 봉행하는 역할에 그치고 있을 뿐이다. 산청의 길을 걷다 보면 비록 의도하지 않더라도 우연히 만날 수 있는 서원들이 많은데, 지리적 분포와 특징이 있는 서원으로 덕천서원·도천서원·서계서원·대포서원·배산서원이 있으며, 향교로는 산청향교·단성향교 등을 소개한다.

---

12) 성현의 제단 위에 제수를 차려 놓고 폐백과 술을 드리는 의식.

덕천서원

 덕천서원(德川書院)은 현재의 행정구역상으로는 경상남도 산청군 시천면 남명로 137번길 20-8에 소재한다. 영남 우도 유학의 좌장인 남명 조식이 1572년(선조 5) 음력 2월 8일에 별세함에 따라 1575년에 선생의 후학인 최영경, 하항, 하응도, 손천우, 유종지 및 진주목사 구변, 경상감사 윤근수가 영남 사림들과 함께 논의하여 산천재 서쪽 3리 지점의 덕천강가에 서원을 세우기로 결의하고, 하응도가 서원 부지를 희사했다. 이듬해 1576년 봄에 서원이 건립되고 가을에 위판을 봉안하고, 덕천서원으로 편액하여 석채례를 행했다.

 1592년 임진왜란 때 왜적의 침입으로 강당, 동재, 서재, 정자가 소실되고, 사우, 주사가 남았으나 그마저도 정유재란 때 소실되었다. 1601년(선조 34)에 진주목사 윤열이 고을 여러 유림과 협의하여 중건 계획을 수립하고, 1603년 가을 위판을 봉안하고 석채례를 지냈다. 이때는 남명의 위패만 중앙에 독향되었으나 1612년 진주 유림의 상소에 의하여 오른편에 수우당 최영경도 배향되었다. 1609년 광해군 1년에 강당과 동재, 주고가 완성되면서 승정원에 추증하여 덕천서원으로 사액을 받았다.

 그 후 몇 차례의 중수를 거치면서 서원의 면모를 갖추었으나, 1870년(고종 7) 대원군의 서원철폐령에 따라 덕천서원도 훼철되는 비운을 맞이하였다. 이후 1916년 진사 하재화, 주사 박재규가 진주향교에서 도내 유림들과 협의하여 경의당 건립 계획을 세우고 경의당 중건 상량식을 거행하였으며, 하겸진이 상량문을 지었다. 1926년 사우가 준공되어 1927년 위판이 봉안되었다. 1974년 지방문화재 제89호로 지정되면서 몇 차례의 개보수를 거쳐 오늘에 이르렀다.

덕천서원 강학 공간인 광풍제월의 경의당 전경.

덕천서원을 현재의 위치로 보면, 덕천강변의 세심정(洗心亭)은 유식(遊食) 공간에 해당하고, 외삼문인 시정문(時靜門)을 통과한 후 동서재인 진덕제와 수업제, 가운데 경의당(敬義堂)이 있다. 경의당의 대청마루 양쪽에 동익인 광풍헌과 서익인 제월헌의 강학 공간이 있고, 맨 뒤편 숭덕사가 위치하는 곳이 제향 공간에 해당한다.

덕천서원의 공간 구조는 몇 차례의 중건 과정을 거치면서 변화가 있었다. 우선 1927년 중건하며 그 규모가 축소되고 강학 공간 안에 있던 연못도 없어졌으며, 외삼문 문루의 명칭도 유정문에서 시정문으로 바뀌었다. 유식 공간의 정자도 몇 차례 그 규모 및 명칭의 변화를 겪었다.

도천서원

산청군 신안면 문익점로 32-42에 있는 도천서원(道川書院)은 삼우당(三憂堂) 문익점(文益漸, 1329-1398)이 조정에서 물러나 낙향하여 강학하던 곳에 세워졌다. 1398년을 일기로 문익점 선생이 돌아가신 후, 태종이 그를 강성군(江城君)에 봉하고 충선공(忠宣公)이라는 시호(諡號)를 내려 영구히 제사를 모실 부조묘(不祧廟)를 세우도록 명하며 제전 100결과 노비 70명을 내리고 '고려충신지문(高麗忠臣之門)'이라는 정려를 세워 주었다. 세종 때에는 영의정에 추증하고 부민후(富民侯)에 봉했으며, 세조는 사우(祠宇)를 세워 향사(享祀)하라고 명했다. 이에 영남 유림들이 1461년(세조 7)에 사당을 세우자, 도천사(道川祠)라 사액하고 예관을 보내어 치제하였다.

그 후 임자년에 수해를 입어 훼손되자 1리 정도 위쪽으로 이건(移建)하였으나 임진왜란 때 소실되었다. 1612년(광해군 4)에 중건하고, 1787년(정조 11)에 도천서원으로 사액받았으나, 대원군의 서원철폐령으로 철거되었다. 그 후 1891년 단성 사람들이 노산정사(蘆山精舍)라는 이름으로 그 명맥을 유지하다 1952년 삼우사를 새로 건립하고 도천서원을 복원하였다. 문익점을 배향한 서원은 도천서원 외에도 전남 장흥의 강성서원(江城書院), 전남 나주의 장연서원(長淵書院), 전북 김제의 저산서원(楮山書院), 전남 담양의 운산서원(雲山書院), 경북 군위의 봉강서원(鳳岡書院), 경기 여주의 매산서원(梅山書院), 경북 영덕의 충선사(忠宣祠)로 전국에 여덟 곳이나 된다.

도천서원 정면.

서계서원

　서계서원(西溪書院)은 산청읍 덕우지길 51에 있으며, 조선 중기의 문신으로 남명 선생의 수제자인 덕계(德溪) 오건(吳健, 1521-1574)을 배향하고 있다. 1606년(선조 39)에 한강 정구를 비롯해 지방 유림들에 의해 창건되고, 1677년(숙종 3)에 '서계(西溪)'로 사액을 받았다. 1868년(고종 5)에 서원철폐령으로 훼철되었다가 1921년에 복원되었다.

　정문은 '입덕루(入德樓)'로, 입덕은 성인의 덕으로 들어간다는 『중용(中庸)』에 나오는 글귀이다. 오건이 『중용』을 무려 1000번이나 읽었다는 데서 그 뜻을 짐작할 수 있다. 또한 부속 건물로 덕천재가 있는 것으로 보아 덕산에 거처했던 스승 조식을 그리워하는 의미도 담겨 있지 않을까 싶다. 현판에는 루(樓)라고 되어 있으나 지금의 형태는 그냥 솟을

서계서원 입구인 입덕루.

———

대문과 같다. 아마 이것은 대원군의 서원철폐령에 따라 훼철되었다가 1921년 복원하며 변형된 것이라고 볼 수 있다.

오건은 여섯 살 때 아버지에게 글을 배워 아홉 살에 『논어(論語)』와 『대학(大學)』을 읽었다고 전해 오는데, 그의 학문적 영민함을 짐작할 수 있는 일화이다. 그러나 불운하여, 열한 살에 부친상, 열네 살에 조모상, 열여섯 살에 조부상이 잇달았음에도 예와 정성을 다하고 학문에 매진하며 슬픔을 이겨나갔다. 24세에는 모친상까지 당하여 당시로 보면 아주 늦은 28세가 되어서야 혼례를 올릴 수 있었다.

이때까지는 독학하였으나 그 한계를 느껴 31세(1551년)가 되자 합천 뇌룡정의 조식을 찾아가서 제자의 예를 갖추었으며, 이 해 가을 초시에 합격하고, 이듬해에는 진사 회시에 급제했다. 1558년 38세에 식년시 병과(丙科)로 급제하며 성주 훈도로 벼슬길에 들어섰다. 이곳에서 한강 정구를 가르쳤으며, 43세에는 퇴계를 만나 주자서를 받고 가르침과 교분을 쌓았다. 퇴계는 오건의 학문과 인품을 높이 평가하여 스무 살의 나이 차에도 불구하고 "참다운 익우(益友, 유익한 벗)"라 불렀다.

당시 영남 좌우도에서 동시에 활동하며 조선 선비의 양대 축인 남명과 퇴계 두 학자로부터 가르침을 받았다는 것은 오건만이 누릴 수 있었던 행운이 아니었을까? 또한 유네스코 세계유산에 등재된 곳 중 하나인 전남 장성 필암서원(筆巖書院)에 배향되어 있는 하서(河西) 김인후(金麟厚)에게도 배웠다고 하는데 정확한 시기는 찾기가 어렵다.

오건은 1567년 정언(正言)을 역임하고, 1571년(선조 4) 이조좌랑으로 춘추관 기사관을 겸하며 『명종실록(明宗實錄)』 편찬에도 참여하였다. 1572년 52세에 이조전랑에서 물러날 때 조선사에서 특히 조선 당쟁사의 서막을 알리는 사건이 발생한다. 이조전랑은 품계는 정5품에 불과하지만 인사권을 가지고 있어 의정부에 독립되어 이임하는 전랑이 후임을 추천하는 '전랑자천제'라는 독특한 제도를 적용했다. 특히 특별한 문제가 없다면 승진하는 코스로 명예와 이익 두 마리 토끼를 잡을 수 있는 자리라 모두가 탐내는 직위였다.

문제는 오건이 퇴임하며 병조좌랑과 사헌부 지평(持平)을 역임한 김효원(金孝元, 1542-1590)을 후임으로 추천했는데, 심의겸(沈義謙, 1535-1587)이 김효원은 윤원형의 식객으로 있던 지조 없는 인물에 지나지 않는다고 반대를 했다. 이것을 계기로 김효원을 지지하는 동인(집이 서울의 동쪽 건천동)과 심의겸을 지지하는 서인(서울의 서쪽 정릉방)으로 나뉘어 조선 당쟁의 막이 올랐다. 이런 상황에서 오건은 더 이상 벼슬에 미련을 두지 않고 고향 산음으로 내려와 후진을 양성하며 수차례 조정에서 불러도 나아가지 않았다.

대포서원

산청군 생초면 명지대포로 236번길 183에 위치한 대포서원(大浦書院)은 조선 1693년(숙종 19)에 농은(農隱) 민안부(閔安富)의 후손과 유림에 의해 창건되었다가, 대원군의 서원철폐령에 의해 화를 입었다. 그 후 1874년(고종 11) 722평의 대지에 농은민선생신도비각(農隱閔先生神道碑閣)과 숭의재(崇義齊), 숭절사(崇節祠), 동재(東齊: 1994년 개축), 서재(西齊), 내대문(內大門)인 여운루(如雲樓), 외대문(外大門)인 경앙문(京仰門)의 건물로 재건되었다.

———

대포서원.

　이곳에 모신 고려말 민문(閔門) 10세손인 민안부는 고려 공양왕 때 예의판서(禮儀判書)를 지내다가, 1392년 이성계가 조선을 개국하자 불사이군(不事二君)의 정신으로 두문동(杜門洞)으로 들어간 고려 충신 72현 중 한 명이다. 이후 조선 태조가 여러 차례 벼슬을 주어 부르자, 아예 찾지 못할 곳인 지리산 아래로 내려와 농사지으며 절개를 지켰으며, 매월 초하루에는 왕산 북사면 중턱에 있는 바위에 올라 개성을 바라보며 예를 올리고 충절을 다졌다. 이를 기리기 위해 후손들이 비를 세우고 망경대(望京臺)라 칭했다.

배산서원

산청군 단성면 배양길 16에 있는 배산서원(培山書院)은 조선 시대 일반적인 서원과는 조금 다른 특징이 있다. 배산서원은 청향당(淸香堂) 이원(李源, 1501-1568)과 죽각(竹閣) 이광우(李光友, 1529-1619)를 기리기 위해 세운 서원이다. 이원은 어려서부터 유교 경전을 읽으며 과거와 벼슬에는 뜻을 두지 않고 평생을 학문 연구에 바쳤다. 일찍이 조식과 교유하여 뜻을 같이 하였다. 이광우는 백부(伯父)인 이원에게서 소학을 배웠고, 22세 때 조식의 문하에서 수학하였다.

1589년에 신안서원(新安書院)을 건립하여 이원을 안치했고, 임진왜란 때 신안서원이 타 버려서 문익점을 모신 도천서원에 이원과 이광우를 함께 안치했다. 그러나 도천서원이 사액서원이 되면서 다시 이원과 이광우의 위패를 배산서원으로 옮겨 왔다. 이후 대원군 때 서원철폐령으로 배산서원이 철거되고 그 후 1919년 진암(眞菴) 이병헌(李炳憲, 1870-1940)이 의견을 내어 문묘와 도동사, 강당을 짓고 이를 배산서당이라 하였다. 문묘에는 공자의 초상화를 안치했고, 도동사에는 청향당 이원, 죽각 이광우의 위패뿐 아니라, 이원과 교분이 두터웠던 퇴계 이황, 남명 조식의 위패도 함께 안치했다. 하나의 서원에 사당이 두 개인 것이 독특하다고 할 수 있다.

배산서원이 눈길을 끄는 것은 첫째 이병헌의 특이한 이력 때문이다. 이병헌은 이원의 13대손으로 유교의 개혁을 주장하며 중국에 가서 청나라의 개혁안인 변법자강운동(變法自强運動)을 주도한 캉유웨이(康有爲, 1858-1927)의 제자가 되었다. 그리고는 공교회(유교의 종교화, 공자교 운동) 한국지부를 만들어 공교 운동의 본산으로 삼고자 하였으나 유림들로부터 거센 항의에 부딪혀 실패하고 말았다. 유교의 개혁이라는 문제는 조선 시대 서원의 폐해를 생각한다면 어쩌면 당연한 주장이라고도 할 수 있다.

이병헌은 유교의 문제점과 개혁의 필요성을 인정하면서도 공자의 사상과 참다운 뜻이 후대로 전해 내려오며 왜곡과 변질이 되는 것을 유교의 문제점으로 판단했다. 따라서 정설인 금문경학사상(今文經學思想)으로 환원되어야 한다고 주장하고, 개혁의 방법론으로 제시한 것이 유교의 종교화였다.

두 번째 특징은 다양한 현판에 있다. 강당의 '배산서당' 현판은 중국의 변법자강운동가이자 공양학자인 캉유웨이의 자필을 받아와서 새겼다고 알려져 있다. 약간 현대적인 글씨체라는 생각이 들며, 100여 년 전에 살았던 인물의 글씨라고 보면 글씨체도 시대에 따라 변화하는 것 아닌가 싶다. 특이할 만한 것은 독립운동가들의 축문 현판이다. 김구, 이시영, 조완구, 박은식 등이 쓴 낙성 축문 현판을 보며 무슨 인연이었는지 궁금했는데, 명확히 설명된 자료를 찾기가 어려웠다. 후손이 쓴 기록에 의하면, 이병헌은 조선이 일제에게 넘어가고 유교가 탄압을 받자 45세에 북경으로 떠났다. 거기서 공교회 인사들을 만나고, 공자의 고향인 산동성 곡부도 찾아 공자의 후손을 비롯한 여러 사람들과 교분을 쌓았다. 공상림의 주선으로 그해 4월 홍콩에서 캉유웨이를 처음 만났다. 그 후 이병헌은 12년간 다섯 차례나 중국을 방문하며 캉유웨이를 수십 차례 만나 토론하고 지도와 격려를 받았다.[13]

---

13) 이한영, "진암 이병헌의 행적": http://m.blog.daum.net/009448/16147021

배산서원 홍살문.

배산서원 현판.

반면 김구(金九, 1876-1949)와의 만남은 처음에는 악연이었다. 1920년 세 번째 중국을 방문하여 상해로 갔을 때, 이병헌이 일제의 밀정이라는 정보가 상해임시정부에 들어가 그는 임정 요인들에게 붙잡혀 일주일 동안 연금 상태에서 혹독한 심문을 받았다. 그러나 모든 것이 오해에서 비롯된 것으로 밝혀지며 그다음부터는 오히려 김구로부터 유교 개혁에 대한 지지를 받게 되었다.

1923년 배산서당 낙성식에 맞춰 봉안하기 위해 이병헌이 연성공부의 협조로 찍은 공자의 진상(眞像) 사진을 김구가 당시 중국의 유명한 화공을 시켜 서양 기법으로 그려 주었다. 그러고는 귀국하는 이병헌을 김구, 이시영, 조완구 등 수십 명의 임정 요인들과 청년 단원들이 상해 포동항구까지 나와 정중하게 배웅했다. 홍살문에도 자세히 보면 태극, 책, 대나무 문양이 있다. 태극 문양은 이 나라, 당시 조선을 뜻하고, 책 문양은 유교 학문을, 대나무 문양은 변절하지 않는 곧은 절개를 뜻하는 것이 아닐까 생각해 본다.

산청향교

현재 산청향교의 위치는 산청읍 중앙로 59번길 20-5로 산청읍의 북쪽으로, 지금은 삼한사랑채 아파트 단지지만 그 이전에는 향교 때문이었는지 명륜중학교(후에는 산청여중고로 개칭)라는 이름의 학교가 있었던 곳의 뒤편에 있다. 1440년(세종 22)에 현유(賢儒)의 위패를 봉안하고 지방민의 교육과 교화를 위하여 창건하고, 임진왜란 때 일부 소실되었다가 복원하였던 것이 1597년 정유재란 때 완전히 소실되어 1601년에

산청향교 전경과 은행나무.

옮겨 세웠다. 그러나 1636년 병자호란으로 다시 소실되자 1755년(영조 31) 현재의 위치에 중건하였다. 1806년에는 명륜당을 중수하고 1870년 대성전, 1874년 명륜당을 각각 중수하였다. 그 뒤 여러 차례의 중수와 개수를 거쳐 오늘에 이르고 있으며, 현재 산청향교의 유물로는 와준(窩樽) 1개, 주배(酒杯) 3개, 제구(祭具) 일체, 변두(籩豆 : 제사 때 쓰는 그릇) 일체, 유복(儒服), 예구(禮具) 등이 있다.

주택가 골목을 따라 들어가면 오른쪽 담벼락에 붙어 있는 하마비(下馬碑)가 보일 듯 말 듯하고, 조금 안쪽에 서 있는 홍살문이 바로 눈에 띈다. 왼쪽으로 공터처럼 보이는 곳에는 산청향교와 함께 세월을 보낸

유생들의 유식 공간이자 출입문인 산청향교의 욕기루.

500년 은행나무가 우뚝 솟아 있다. 정면으로 보이는 산청향교 외삼문의 2층 누각 현판에는 '욕기루(浴沂樓)'라 적혀 있다. 서원과 달리 향교에서 공부하는 유생들의 최종 목표는 과거급제다. 시험공부는 예나 지금이나 스트레스가 쌓일 수밖에 없다. 그런 의미에서 '욕기루'는 가까이 있는 함양 남계서원 외삼문의 풍영루(風咏樓)와 짝을 이루는 기막힌 유식 공간의 의미이다.

공자가 제자들에게 각자의 포부를 물었는데, 모두 정치에 관심을 두었으나 증점(曾點)만은 "봄에 여러 친구들과 기수에서 목욕하고 무우 언덕에서 바람 쏘이고 시를 지어 노래하며 돌아오겠다(浴乎沂 風乎舞雩

詠而歸)"라 하였다. 이에 공자는 감탄하며 "나도 그대와 함께하고 싶다"라고 답한, 『논어』「선진(先進)」 편에 나오는 구절이다. 지리산에서 시작하여 맞은편 웅석봉을 돌아 불어오는 바람을 맞으며 맑고 차가운 경호강에서 목욕하는 상상을 하면서 머리를 식히지는 않았을까? 짐짓 여유를 부리는 멋이 느껴진다.

"명륜당은 정면 5칸, 측면 3칸의 팔작지붕 겹처마 도리집으로 전면에는 모두 궁창판이 있는 삼분합의 세살문을 달고, 그 위로는 교살창을 달았다. 명륜당 좌·우로는 동·서재가 있다. 특이한 것은 내삼문의 계단이 직선이 아닌 ㄴ자로 되어있고, 명륜당 뒤의 대성전도 약간 비틀어져 위치하고 있다. 대성전은 정면 3칸 측면 3칸의 팔작지붕 겹처마의 익공계 양식 건물로 각 주간에는 화려한 화반을 놓았다."[14]

군청 홈페이지에 명륜당과 대성전을 소개한 글인데, 팔작지붕, 겹처마, 도리는 한옥의 구조를 설명하는 용어라 실물을 보지 않고 상상하기에는 어려운 면이 있다. 궁창(穹蒼)은 창호 하부에 장착되는 방형의 널판자를 말한다. 삼분합(三分閤)은 마루나 방 입구에 세 짝으로 설치한 큰 문, 세살문(細箭門)은 가는 살을 가로, 세로로 좁게 대어 짠 문, 교살창에서 교살은 빗살로 울거미에 가는 살을 45도 경사로 직교되게 맞추어 짠 것을 말한다.

---

14) 산청군 홈페이지 '산청향교'. https://www.sancheong.go.kr/tour/selectTourView.do?key=2014&ctgryNo=33&tourNo=147

대성전의 익공계(翼工系)는 목조 건축의 공포(栱包) 형식으로 창방과 직각으로 교차하여 보 방향으로 새 날개처럼 뾰족하게 생겼으며, 주심포, 다포계에 비해 가장 간결하다. 주간(柱間)은 기둥 사이를 말하며, 화반(花盤)은 초방(기둥을 세우고 처음 올리는 가로대) 위에 장여(도리 밑을 받치는 기둥)를 받치기 위해 끼우는 널빤지로 연꽃이나 사자 등을 그려 넣었다. 건축사전을 찾아가며 그림과 설명을 비교해 가며 읽으면 이해하기가 수월해진다.

단성향교

단성향교는 1127년(고려 인종 5)에 세워져 그 역사가 전국에서 가장 오래된 향교 중 하나로 꼽힌다. 처음에는 강누리 구인동(九印洞)에 세웠다고 하나 정확한 위치는 알 수가 없다. 그 뒤 조선 태종 때 단성 고을에서 문가학(文可學)의 변이 있고 난 뒤 다른 곳으로 옮겼다가 1752년(영조 28)에 현재의 위치(단성면 교동길 13-15)로 옮겼다는 기록이 있다.

대성전에는 5성(五星)과 10철(十哲), 송조 6현, 한국 18현의 위패가 봉안되어 있다. 명륜당은 정면 5칸, 측면 2칸, 공(工) 자형 맞배지붕의 건축물로, '누(樓)' 형식으로 만들어 중앙 칸 아래로 들어가게 만든 것과 명륜당 마루가 내삼문 쪽으로 개방된 것이 특이하다. 이러한 특징을 인정받아 2020년 12월 29일 보물 제2093호로 지정되었다.

그 외 향교 내에 있는 단성호적장적에는 17-18세기 단성현 관내의 호구를 조사하여 면리별로 정리하여 엮은 호적대장 일곱 책이 보관되어 있어 경상남도 유형문화재 제139호로 지정되었다.

보물 제2093호로 지정된 단성향교 명륜당루와 명륜당.

'칼 찬 선비 남명'과 그 제자들

남명 조식 / 산천재 / 남명매

남명 조식은 외가인 합천의 삼가현 토동에서 출생했다. 그 후 한양과 처가인 김해, 다시 합천을 거쳐 61세 되던 해 봄에 천왕봉이 잘 보이는 산청 덕산으로 들어와 거처를 정하고 산천재를 지었다.

벼슬을 일절 마다하고 산림처사이기를 고집했던 남명의 30세 이후 거주지는 세 곳으로, 삶의 방향은 그때그때 그가 지은 당호로부터 유추해 볼 수 있다. 30세부터 합천 뇌룡정으로 가기 전까지 신세 지며 살았던 김해 처가댁 근처의 산해정(山海亭)은 태산에 올라 사해를 바라보는 기상을 기르겠다는 뜻으로, 그 이름에 걸맞게 젊은 준재들이 몰려들었다. 성운(成運, 1497-1579), 김대유(金大有, 1479-1551), 이원(李源, 1501-1568), 이희안(李希顔, 1504-1559), 신계성(申季誠, 1499-1562) 같은 이름난 유학자들이 그들이다.

48세 이후 13년 동안 살았던 고향 합천의 뇌룡정(雷龍亭)은 용의 꿈

남명기념관에 전시된 남명 선생 표준 영정(진영이 아니라 조원섭 화백이 그린 것이다. 촬영: 민영인).

틀거림처럼 뇌성을 발한다는 뜻으로 이는 초야에서 냉정히 세상을 바라보다가 국정이 문란해지거나 부조리해지면 가차 없이 비판의 채찍을 들고 국책을 건의하겠다는 뜻으로 읽힌다. 그 실천이 곧 1555년(명종 10)에 올린 「단성현감사직소」(또는 「을묘사직소」)로 나타났다. 뇌룡정 시절 그의 문하에 들어온 이들로는 정인홍(鄭仁弘, 1535-1623), 오건(吳健, 1521-1574), 노진(盧禛, 1518-1578) 같은 제자들이었다.

산천재(山天齋)는 1561년 봄에 건립되어 조식의 주요 제자들이 수학했던 곳으로, 주역 26번째 괘인 하늘 위에 산이 있는 산천대축괘에서 따온 것이다. 형상으로 보면 '하늘을 산속에 가둔 것'으로 후학양성의 의지를 담았으며, 뜻은 '강건하고 독실하게 빛나서 날로 그 덕을 새롭게 함'이니 날마다 공부하여 스스로 자신의 덕을 쌓는다는 각오를 다진

주역 26번째 괘인 하늘 위에 산이 있는 산천대축괘에서 따온 산천재 전경.

것이다. 앞서 산해정과 뇌룡정에서 보이는 기세가 웅장하고 거세었던 것과는 달리 산천재에서는 처사로서의 실천 의지가 묻어난다.

조식이 환갑에 자신의 거처를 산청으로 결심한 이유는 58세에 지리산을 유람하고 쓴 산행기인 『유두류록(遊頭流錄)』을 보면 어느 정도 짐작할 수 있다.

"평생 품고 있던 계획인, 화산의 한 모퉁이를 빌어 일생을 마칠 곳으로 삼으려 했던 것일 뿐이었다. 그러나 일이 마음대로 되지 않아 그 속에 살 수 없음을 알고, 서성거리며 돌아보고 안타까워하다가 눈물을 흘리며 나온 것이 10번이었다. 지금은 시골집에 매달려 있는 박처럼 걸어다니는 하나의 송장이 되어 버렸다. 이번 유람 또한 다시 가기 어려운 걸음이 되었으니, 어찌 마음이 울적하지 않겠는가?"[15]

여기서 말하는 화산은 두류산, 즉 지리산을 가리키는 것이며, 지리산에 머물고 싶다는 간절함의 결실로 지리산 천왕봉이 잘 보이는 곳에 거처를 정했다는 것을 알 수 있다. 지금도 산천재 마당의 남명매 옆에 서서 서쪽으로 올려다보면 천왕봉이 우뚝하니 아주 잘 보인다. 당시의 심정은 그의 시 「제덕산계정주(題德山溪亭柱)」에 잘 나타나 있다.

請看千石鐘　　청컨대 천석의 종을 보라
非大扣無聲　　크게 치지 않으면 소리가 없다.

---

15)　강정화, 『남명과 지리산유람』(경인문화사, 2012), 194쪽.

爭似頭流山	어찌하여 저 두류산은
天鳴猶不鳴	하늘이 울어도 울지 않는가?[16]

'저렇게 큰 종도 스스로는 울리지 않으나 두드리면 소리가 나는데, 두류산은 하늘이 울어도 울리지 않으니' 두류산처럼 학문에 매진하겠다는 조식의 각오가 선명하게 들려오는 시이다. 산천재 기둥의 주련 '덕산복거(德山卜居: 덕산에 거처를 정하다)'에도 조식의 마음이 잘 나타난다.

春山底處無芳草	봄 산 어느 곳엔들 향기로운 풀 없으랴만.
只愛天王近帝居	다만 천왕봉이 상제와 가까이 있음을 사랑하여 자리잡았네.
白手歸來何物食	빈 손으로 왔으니 무얼 먹고 살거나.
銀河十里喫有餘	은하수같이 맑은 물 십 리이니 마시고도 남으리.[17]

꿈에 그리던 지리산이 잘 보이는 덕산에 살고 있으니 배고픔은 문제가 되지 않고, 빈손으로 왔으나 지리산에서 흘러오는 물이 마치 은하수 십 리 같다는 시구에서 조식이 품은 뜻을 짐작할 수 있다. 주련만 읽고 돌아서는 경우가 많은데, 산천재 마루에 걸터앉아 천정을 올려다보면 세 점의 벽화가 보인다. 중앙에는 머리와 수염이 하얀 네 노인이 바둑을 두고 있고, 왼쪽에는 한 농부가 소를 이용해 쟁기를 끌며 밭을 갈고

---

16) 김경수, 『남명 선생 사적지 여행』(글로벌콘텐츠, 2020), 24쪽.

17) 김경수, 『남명 선생의 삶과 가르침』(글로벌콘텐츠, 2020), 79쪽.

있는 그림이다. 오른쪽은 소를 타고 가는 사람을 다른 한 사람이 바라보며 뭐라고 말을 건네는 장면이다. 1818년 산천재 복원 당시 정조(正祖, 1752-1800)가 직접 지어 내린 사제문에 근거한 벽화로, 매우 퇴락한 것을 근래에 단청을 하며 다시 그렸다. 원본은 남명기념관 수장고에 보관되어 있다.

정조 때 채제공(蔡濟恭, 1720-1799)이 이조판서로 있을 때부터 영의정으로 돌아가실 때까지 덕천서원의 원장으로 재임하면서 조식에 대한 선양사업이 크게 일어났다. 이 시기에 정조는 남명의 제문을 직접 지어 내렸는데, 그 글에서 "기산의 허유 아득하고 상산사호도 적막하다"라는 표현을 사용하였다. 이들은 모두 사마천(司馬遷)의 『사기(史記)』에 나오는 인물로 높은 뜻을 지켜내는 은사(隱士)의 대표적인 인물들이다. 그렇다면 산천재의 벽화는 아마도 처사로 살아가는 조식의 의지를 높이 평가한 것이 아닐까.

조식이 산천재로 물러나 지키고자 했던 '칼 찬 선비정신'은 후일 임진왜란 때 구국의 선봉에 섰던 제자들의 활약에서 여실히 드러났다. 조식의 대표적인 문하생으로는 이조정랑을 역임한 오건, 동인의 영수인 김효원(金孝元), 북인의 영수인 정인홍(鄭仁弘), 조식의 외손서로 이조참판을 역임한 김우옹(金宇顒, 선조의 변덕스러운 성품을 비판했다가 정여립의 난에 억울하게 연루되어 귀양 감), 대사헌을 지내다 산림에 은거한 정구(鄭逑), 좌의정으로 있으면서 권신 윤원형을 탄핵한 정탁(鄭琢), 최영경(崔永慶) 등이 손꼽힌다.

그러나 조식을 더욱 빛나게 하는 것은 그의 문하에서 배출된 뛰어난 의병장들이다. 조식은 죽기 전 전란이 일어날 것을 염려해 제자들에게 병법의 중요성을 누누이 일렀다. 그 후 임진왜란이 일어나자 곽재우(郭再祐), 정인홍(鄭仁弘), 김면(金沔) 등의 제자들은 영남의 3대 의병장으로 불릴 만큼 혁혁한 공로를 세웠다. 이 세 의병장 외에도 이대기(李大期), 조종도(趙宗道) 등 남명의 제자로 의병장이 된 사람이 50여 명에 이른다.

조식 문하생들의 의병 활동은 관군의 패주와 조정의 몽진으로 흩어진 민심을 수습하고 반격의 계기를 만들었다. 그들은 싸울 뿐만 아니라 일본군의 보급로를 차단했으며, 호남 곡창 지대의 보존이 전쟁의 승패를 가를 것으로 인식했다. 경상우도 의병들의 분전은 결국 호남의 곡창을 지킨 밑거름이 됐다. 흔히 의병은 의기로만 싸워 헛된 희생을 하는 경우가 많았으나 조식의 문하생들이 이끄는 의병은 최소의 희생으로 최대의 전과를 올렸다. 이것은 의병장들이 문사(文士)이면서 무예와 병법을 배웠기 때문이니 조식이 실천한 문무병중(文武並重) 교육은 오늘날에도 시사하는 바가 크다.

이러한 조식의 정신을 대표적으로 보여 주는 단어가 '칼 찬 선비'라는 표현이다. 조식은 항상 칼과 방울을 몸에 지니고 있었는데, 칼의 한쪽 면에는 '내명자경(內明者敬)', 다른 면에는 '외단자의(外斷者義)'가 새겨져 있었다. 즉, "내면적 성찰을 통하여 한 점 티끌도 간직하지 않고 있는 상태를 경(敬), 외부로부터의 유혹과 욕망을 단절하여 부끄럽지 않은 행위를 의(義)"라고 하였다. 이에 대해 『선조수정실록(宣祖修正實錄)』에, "조식은 쇠방울을 차고 다니며 몽롱한 정신을 환기시키고, 칼을 턱에 괴고서 혼미한 정신을 경각시켰다."라고 기록하고 있다.

산천재 마루에서 눈길을 마당으로 옮기면, 천왕봉을 마주한 매화나

무 한 그루가 보인다. 매화를 좋아하지 않는 선비야 없겠지만 이 나무
는 지리산에서 계곡을 따라 내려오는 겨울의 매서운 찬바람을 모두 견
뎌내고 이른 봄 꽃망울을 터뜨려, 남명 정신의 표상으로 '남명매'라 부
른다. 산청 삼매 중 유일하게 원래의 모습을 지닌 남명매는 450여 년을
변함없이 눈 덮인 천왕봉을 바라보며 봄을 알려왔으니 이제는 지치는
지 꽃잎이 작고 풍성하지 못하다.

평탄하지 못한 삶 속에서도 조식은 눈 속에서 피는 매화를 보며 스스
로를 위안하고, 가난함 속에서도 지조를 굽히지 않았다.

歲晚見渠難獨立   세밑에 와서 보니 그는 홀로 서 있기도 어려운데,

雪侵殘夜到天明   밤부터 날이 샐 때까지 눈이 내렸구나,

儒家久是孤寒甚   선비 집이 오래도록 매우 쓸쓸하고 가난했는데,

更爾歸來更得淸   다시 네가 돌아오니 더욱 고요함을 얻었구나.[18]

조식의 학풍과 정신을 이어가듯 오늘도 은하수 같은 십 리 물이라
고 했던 덕천강은 지리산에서 발원하여 쉼 없이 이곳을 지나 진주 남강
에 합류한다. 주변에는 이 외에도 현대식으로 건립된 남명기념관과 선
비문화연구원이 있다. 경상남도에서는 조식의 선비 정신을 통해 경남
의 정체성을 확립하고 시대정신으로 확립하겠다고 밝혔다. 조식을 재
조명하는 작업으로 마련된 선비문화연구원은 교육 기능을 담당하고 있

---

18) 인용한 시의 원문은 南冥先生集1卷之一에 있는 청향당팔영이원당호(淸香堂八詠李源
堂號) 중 '설매(雪梅)', 번역은 민영인.

—

산천재 뜰에 있는 남명매.

—

남명매.

으며, 산천재 뒤편 남명기념관은 마당에 서 있는 신도비와 실내 입구에 걸린 '신명사도(神明舍圖)'를 보며 조식의 정신을 느낄 수 있는 공간이다. 기념관 뒤편 언덕에는 조식의 묘소가 있다.

덕산에서는 매년 초 지리산 호랑이도 무서워했다는 곶감을 알리는 산청곶감축제가 열리고, 시월에는 선비문화축제도 개최된다. 4일과 9일은 덕산 장날이다. 비록 규모는 작지만 지리산의 맛과 향을 느낄 수 있는 물건들이 많다. 또한 각종 산나물을 비롯한 약초를 재료로 먹는 것은 모두 보약이 된다. 산천재와 덕천서원에서 남명 사상으로 정신을 맑게 했다면, 덕산 맛집에서 육체의 건강을 챙기는 것도 소소한 즐거움이다.

삼우당 문익점의 효와 애민 정신

삼우당 문익점 / 목면 시배지 / 부민각 / 효자비각

단성에서 시천으로 들어가는 구도로변에 있는 목면 시배지는 처음 오는 사람도 찾기 쉽다. 단성IC를 빠져나오자마자 나오는 사거리에서 우회전하여 100미터 정도만 가면 우측에 주차장과 출입문인 삼문(三門)을 볼 수 있다. 문익점은 모르는 사람이 거의 없을 것이다. 그러나 대부분 단순히 중국에서 목화씨를 가져온 것만 알지 그의 학문, 시문, 충절, 효성 등에 대해 잘 아는 사람은 드물다.

삼우당 문익점은 학문적으로도 수준이 높아 정몽주(鄭夢周, 1337-1392), 이색(李穡, 1328-1396) 등과 교유하며, 우리나라에서 성리학을 도입 초기에 깊이 연구하여 조선 왕조의 지도 이념으로 채택되는 데 큰 공을 세웠다. 문익점을 향사(享祀: 제사 올리는 일)하는 서원이 전국에 일곱 곳이나 되고, 성균관 문묘에 그를 종사(從祀)하기 위해 전국의 유림이 청원한 상소가 무려 네 차례나 있었다는 점에서 이를 짐작할 수가 있다. 효자비각 기문을 지은 퇴계 이황은 "학문으로써 세상에 이름이 났다"고 했으며, 남명 조식은 묘사(墓祀)의 기문에서 "고려 때는 불교가 성행하여 우리 동방에는 성인(聖人)의 유학이 거의 떨치지 못했는데, 삼우당공이 홀로 이런 점을 개탄하여 힘써 후학들의 갈 길을 제시했다"며 학문적 업적을 높이 평가했다.

그러나 안타깝게도 문익점에 대해 직접적인 기록은 남아 있는 것이 없다. 이는 시대적으로 여말선초의 왕조 교체기였으며, 또한 당시 북으로는 홍건적, 남으로는 왜구들이 빈번하게 침입하여 약탈과 방화를 일삼았기 때문이다. 게다가 문익점 사후 26년에 종가에 화재가 발생하여 모든 것이 소실되었다.

문익점의 직접적인 시문은 접할 수 없어도 그나마 다행스럽게 매월

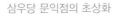

삼우당 문익점의 초상화

당 김시습, 점필재 김종직, 일두 정여창(선생의 행장을 지음), 한헌당 김
굉필, 율곡 이이, 토정 이지함, 사계 김장생 등 조선 시대에 내로라하는
학자들은 거의 모두 그에 대한 글을 남겼다.

一管神功萬世長	붓 대롱에 목화씨 가져온 신기한 공적 만세에 길이 전해져,
衣冠文物煥乎章	옷과 갓 등 문물이 환하게 빛나게 되었도다.
皇天眷佑東方運	하늘이 우리 동쪽나라 운수를 돌봐주느라고,
故遣江城謫南荒	일부러 강성군을 남쪽 변방에 귀양가게 만들었다네.

——지봉(芝峯) 이수광(李睟光)[19]

문익점은 단성면 배양리에서 태어나고 자랐으며, 20세에 국학에 들
어가 공부하여 23세에 정동성 향시에 급제하였다. 그리고 30세에 신경
동당시에 급제하며 예문관 직강에 임명되어 벼슬길에 나섰다. 33세에
는 원나라에 사신으로 갔다가 황제인 순제가 고려의 반역자 덕흥군을
고려 왕에 추대하려고 획책하며 회유하였으나 그 명을 끝까지 거역하
여 머나먼 중국의 남쪽 운남성(추정)으로 귀양을 갔다. 36세에 귀양에
서 풀려나 이듬해 봄 귀국할 때 목면 종자를 몰래 가져와 처음 재배를
시작한 곳이 바로 여기 목면시배유지(木棉始培遺址)이다.

문익점의 호인 삼우당(三憂堂)은 세 가지 근심이란 뜻이다. 첫째, 나
라가 펼쳐지지 못함을 근심하고, 둘째 성리학이 제대로 전해지지 못함
을 근심하고, 셋째, 자신의 도가 확립되지 못함을 근심한다는 뜻으로,

---

19) 허권수, 『삼우당문집』(술이, 2015), 104쪽.

스스로 지었다. 서슬 퍼런 원나라의 감시를 피해 목면 씨를 가져온 그 집념이 어디에서 나왔는지를 알 수 있다.

보통 인간의 삶을 영위하는 가장 기본적인 요소를 의식주로 정의한다. 이 중에서 맨 먼저 언급되는 것이 의(衣)로, 의류는 인간의 신체를 보호하는 기능 외에도 예를 갖추고 신분을 나타내며 도덕을 상징하는 의관문물로 발전되어 왔다.

산청에서 의류와 관련된 역사는 멀리 청동기시대까지 거슬러 올라간다. 2019년 11월 1일부터 2020년 5월 30일까지 산청박물관에서 진행된 '산청의 가야, 생초' 기획전에서는 가야시대의 천을 현대적으로 복원하여 전시했다. 물론 『삼국지』「위서」'동이전'에 대마(삼베), 저마(모시), 뽕나무와 누에치기로 비단을 짰다는 기록도 있지만, 놀라운 것은 생초고분 M13호분에서 나온 것으로, 타원형 문양이 찍힌 세 가지 색의 염직물이었다. 가야시대에 이미 납염 기술과 문양 디자인을 했었다는 증거이며, 특히 실을 뽑을 때 사용하는 가락바퀴 유물과 직물 자료에서는 평직과 엮음직 등을 확인할 수 있어 당시에 이미 베를 짰다는 것을 알 수 있었다.

이러한 우리 선조들의 뛰어난 역사적 자산이 산청에서 목화 시배로 이어진 것이 아닌가 하는 생각이 든다. 우리나라 옷의 역사에서 가장 획기적인 변화를 가져온 것이 바로 목화다. 목화가 전해지기 전까지는 겨울에도 삼베옷을 입고 추위를 견뎌야만 했다. 삼우당이 목화씨를 가지고 온 13세기 원나라는 목화의 생산 가공에 대하여 국가에서 통제 관리하며 목화의 유출을 엄격히 금지하고 있었다. 아마 당시의 목화가 지니는 정치, 경제, 사회적 가치는 지금 우리가 상상하는 것보다 훨씬 더

目화 시배지에 있는 목화밭.

중요하지 않았을까 싶다.

 엄중한 그 시기에 목화씨를 가져와 보급한 문익점의 애민사상을 기리기 위해 그의 고향이자 목화를 처음 재배한 당시의 강성현 배양촌(지금의 산청군 단성면 사월리 배양마을)을 국가사적 제108호로 지정하고 전시관과 부민각, 효자비각, 목화 재배지 등을 조성했다.

 시배지 경내로 들어서면 거북의 등 위에 세운 비슷한 모양의 비석이 두 개가 보인다. 바라보는 방향으로 우측은 '삼우당문선생면화시배사적비'이고, 왼쪽은 '삼우당문익점선생유허비'이다. 면화시배전시관에서는 목화의 발아에서부터 옷이 만들어지기까지 전 과정을 이해하기

효자비각.

쉽도록 조형물과 사진으로 설명되어 있다. 정면 일곱 칸의 부민각에서
는 생생문화제가 열릴 때에는 실제 주민들이 시연하는 씨앗기, 솜타기,
고치말기, 물레를 돌려 실잣기 하는 방적과 베뽑기, 베날기, 베메기, 꾸
리감기, 베짜기의 방직 과정을 순서대로 직접 볼 수 있다.

안쪽으로 들어가면 작은 효자비각이 보인다. 문익점은 46세이던 우
왕 2년(병진년) 9월에 모친상을 당하였다. 당시 왜구가 남해안으로 침
입하여 세상이 어지러워지자 많은 사람들이 산속으로 피난을 가고 마
을은 텅텅 비게 되었다. 그러나 문익점이 홀로 묘지를 지키며 평시와
같이 음식을 올리고 곡을 하며 시묘살이를 하고 있자, 왜장이 감동하여

나무판에다 '물해효자(勿害孝子 : 효자를 해치지 말라)'라고 써서 표시를 해두어 이 고을은 왜구들이 해치지 않았다고 전해 온다.

후에 이 사실이 조정에도 알려져 왜구가 다 물러간 뒤 우왕 9년 봄에 정려(旌閭)를 명하고, 마을을 '효자리'라 하고, 비석을 세우도록 한 것이다. 따라서 이 목면시배유지는 단순한 관광지 이상의 의의가 있는 곳이다.

환아정과 옛 산음의 산수

산음 / 환아정 / 탁영 두류기행록 / 수계정

『삼국사기』「지리지」에 의하면 산청은 신라시대에는 지품천현(知品川縣)이었는데 신라 제35대 경덕왕 16년(757년)에 산음으로 고쳐 궐성군(闕城郡)의 영현으로 하였다는 기록이 있다. 지금의 산청읍 산청초등학교 자리에는 산음 객사와 환아정(換鵝亭)이 있었다. 산청초등학교 현관이나 생초조각공원에 있는 산청박물관에 가면 소실되기 전의 환아정 옛 사진을 볼 수 있다.

최초의 환아정은 1395년 산청현감인 심린(沈潾)이 산음현의 객사 서쪽에 건립하고, 환아정이라는 정자의 이름은 권반(權攀)이 중국 왕희지(王羲之)의 고사를 인용하여 작명하였다. 중국의 회계군 산음현에 사는 한 도사(道士)가 왕희지가 쓴 『도덕경(道德經)』 한 부를 받고 싶어 애를 태우던 중, 왕희지가 거위를 좋아한다는 사실을 알고는 그가 자주 다니는 길가에서 거위를 길렀다. 어느 날 왕희지가 거위를 보고 탐을 내며

팔라고 하자, 도사는 이때다 싶어 『도덕경』을 써 주면 거위를 다 주겠다고 제안했다. 이에 왕희지는 즉석에서 『도덕경』을 써주고 거위 담은 조롱을 메고 떠났다는 이야기로 이백(李白)의 시 「왕우군(王右軍)」에 나오는 내용이다.

산청읍 주변에는 환아정 외에도 중국 산음에 있는 지명이 몇 개 더 있다. 왕희지가 곡수유상(曲水流觴)을 즐기며 수계(修禊)를 했던 데서 이름을 딴 수계정(산청초등학교 북쪽 언덕에 있다), 와신상담(臥薪嘗膽)의 주인공 월왕 구천의 무덤이 있는 회계산(산청읍 부리 앞산)과 이백의 시 「자야사시가(子夜四時歌)」에 거울처럼 맑은 호수를 지칭하는 경호(鏡湖)를 따서 산청을 흐르는 강을 경호강으로 부르는 등이 그 예이다.

1912년 산청공립보통학교 개교 당시 환아정의 모습(출처: 산청초등학교).

———

환아정은 큰 기둥 열세 개가 받치고 있는 2층의 누정(樓亭)으로 서편에는 사경각(寫經閣), 동편에는 응향관(凝香館)이 있었다. 최초의 환아정은 정확한 창건 연대는 알 수 없으나 산음의 2대 현감인 심린(沈潾)이 세종(1417-1450) 때 지었다. 그러나 이 누각은 중건과 중수를 반복해 오다 1597년 정유재란 때 왜군에 의해 완전히 소실되었던 것을 42대 산음현감 권순(權眓)이 복원하였다. 63대 현감 이성철(李誠哲)은 1664년 송시열(宋時烈)에게 환아정기(換鵝亭記)를 부탁하고, 또한 그 당시 송시열(宋時烈)과 문필가로 쌍벽을 이루고 있었던 이경석(李景奭)에게는 환아정중신기(換鵝亭重新記)를 부탁하여 짓게 하였다. 송시열은 「환아정기」에서 "정자는 기둥이 13개인데, 벽을 나누어서 그 서쪽을 '사경각(寫經閣)'이라 하고, 동쪽을 '응향관(凝香館)이라 한다"고 적었다.[20] 이경석은 "영남에는 예부터 임관지미(臨觀之美)가 많았으나 환아정이 그 제일이다"고 칭송하였다. 현판은 진주에 사는 하홍도(河弘度)가 가지고 있던 한석봉의 소필(所筆: 換鵝亭) 원본을 찾아와 제작하여 걸었다고 한다.

1489년 탁영(濯纓) 김일손(金馹孫)은 「두류기행록(頭流紀行錄)」에서 다음과 같이 산음의 풍광을 높이 평가하면서 환아정을 언급했다.

"정오에 산음현에 이르렀다. 환아정에 올라 기문을 열람하였다. 북쪽으로 맑은 강을 대하니, '물은 저렇게 밤낮없이 유유히 흘러가는구나' 하는 감회가 있었다. 그래서 잠시 비스듬히 누워 눈을 붙였다가 일어났다.

---

20) 산청향교, 「換鵝亭記」, 『山清鄕校誌』(회상사, 2010), 966쪽. 원문은 "亭凡十三楹截其西爲閣曰寫經壁其東館曰凝香."

아, 어진 마을을 골라 거처하는 것이 지혜요, 나무 위에 깃들여 험악한 물을 피하는 것이 총명함이로구나. 고을 이름이 산음이고 정자 이름이 환아니, 아마도 이 고장에 회계산의 산수를 사모하는 자가 있었나 보다. 우리들이 어찌 이곳에서 동진의 풍류를 영원히 계승할 수 있으랴."[21]

환아정은 주변의 경호강과 함께 산수가 아름다운 곳으로 유명하여 조선 중기 선비들이 풍류를 즐기던 곳이었다. 50여 명의 선비들이 이곳을 찾아 70여 편의 시를 남겼을 정도였으나 안타깝게도 환아정은 1950년 3월 10일 화재로 불타 버려 지금은 흔적도 남아 있지 않다. 사진으로 본 환아정이 현재 남아 있다면 분명 대한민국 최고의 누정으로 평가받아 훌륭한 관광자원이 되었을 것이다. 이를 안타까이 여긴 지역민들이 오래전부터 환아정 복원을 논의하였으나 진척이 없다가, 2020년 들어 다시 환아정 복원 추진 계획이 진행되고 있다.

산청초등학교 옆 경호교를 건너기 전 오른쪽 언덕 중간쯤에 수계정이 있다. 왕희지가 영화년 상사일(上巳日)에 벌였던 시회(詩會)인 수계에서 이름을 딴 듯하다. 유상곡수에 술잔을 돌리고 시를 짓던 선비들의 풍류가 떠오른다. 중국에서는 고대부터 전해 내려오는 수계(脩禊)라는 풍습이 있었다. 이는 은나라와 주나라 이래로 한대(漢代)에 이르기까지 3월 3일 상사일인 봄날에 관리들이 백성들과 함께 동쪽으로 흐르는 물가에 나가 묵은 때를 씻어 재앙을 예방하고 축복을 기원하는 중요한 행

---

21) 최석기 외, 『선인들의 지리산 유람록』(돌베개, 2000), 74쪽.

삼월 상사일에 시회를 펼쳤다는데서 따온 산청 수계정의 모습.

사였다.

다리 건너 운동장 아래 창주마을에 서서 경호강과 수계정을 건너다 보면 옛 산음의 산수와 당시 경호강변의 모습이 그려진다. 당시의 풍경을 다음의 수계정 중건기에서 찾을 수 있다.

"이 정자에서 보이는 산촌 마을에 어둠이 내릴 때 저녁연기가 피어오르는 정경이 특히 좋다. 맑은 강 위에 달이 밝아 적막을 깨트리고, 동산에 아침 햇살, 서산에 노을이 장관이다. 풀밭에 목동의 피리 소리는 풀꽃 향기 더욱 재촉하고 염천(炎天)에 소녀의 풍년가는 한여름 녹음을 더욱 푸르게 한다. 시원한 가을바람 불면 농부의 일 년 고생 황금 가을에 결실 보고, 눈꽃 맺은 나뭇가지 매서운 겨울바람 풍경도 있다. 따라서 지나는 문인걸사(文人傑士) 그냥 지나치지 못할 것이며, 왕래하는 숙녀 미인들도 흥에 겨울 것이다. 신선이 사는 곳(瑤池)이 어디냐? 지상 선경이 바로 여기로다. 산수 맑고, 사람 맑아 동빈서객(東賓西客) 다 모이니 바로 이 정자가 이름 그대로 수계(脩褉)로다."[22]

---

22) 「수계정중건기」(1965). 국한문 혼용체로 문장이 어색한 부분이 많아 저자 중 민영인이 현대 어법에 맞게 일부 수정하였다.

4장 길 따라 선비 따라 169

5장

산천각자로 선비의
멋과 풍류를 읽다

—

선비 풍류

계곡에서 자줏빛 봄을 맞이하다

산천각자 / 설애대 / 자연동천 / 춘래대

산이나 계곡을 찾아가면 어김없이 바위나 암벽에 새긴 글씨를 볼 수 있다. 이렇게 새긴 글자들을 암석각자(巖石刻字) 또는 산천각자(山川刻字)라고 부른다. 석각의 기원은 선사시대 암각화나 고대 무덤의 벽화 등 인류의 시작과 함께 이어져 왔기에 정확히 그 기원을 확인할 수는 없다. 산청 지역으로 한정해도 산청문화원에서 2016년에 발간한 『산청석각명문총람』에 의하면 168곳 609개가 산재해 있으며, 각자마다 자연과 동화된 감동이 멋과 흥취로 표현되어 있다. 풍화작용에 의한 마모나 초서체 등으로 인해 쉽게 이해되지 않는 어려운 글씨도 많아 전체적으로 『산청석각명문총람』의 해석과 설명을 따랐다.

산청IC에서 빠져나와 첫 사거리에서 우회전하면 서쪽으로 금서농공단지 가는 길이 나온다. 신호등이 있는 사거리를 지나 계속 직진하여 농공단지를 지나서 나오는 마을은 금서면 평촌리다. 왼편에는 예전 매촌초등학교가 폐교되고 지금은 그 자리에 '해동선원'이라는 표지석이 세워져 있는 불교 관련 시설이 있다. 조금 더 직진하면 마을이 끝나는 지점 왼편으로는 작은 다리가 있으며, 도로 우측 절벽 면에는 세로로 새긴 석 줄의 '雪艾臺, 子尹炳善謹書, 孝婦曺氏雪中得艾之所'(설애대, 자윤병선근서, 효부조씨설중득애지소)라는 글씨를 발견할 수 있다. '효부 조씨가 눈 속에서 쑥을 구한 곳이라 아들 윤병서가 삼가 썼습니다'라는 뜻이다.

여기에 얽힌 이야기를 보면, 시어머니가 병이 들어 위중한데 백약이 무효라 아들 부부가 애를 태우고만 있었다. 그런데 시어머니가 며느리에게 쑥국이 먹고 싶다 하여 며느리 조씨는 엄동설한에 쑥을 찾아 사방천지를 찾아 헤매었지만 구할 수가 없었다. 그러던 어느 날 이곳 병풍바위 아래에 쑥 두 줄기가 올라와 있는 것을 발견하고는 캐서 가져가 쑥국을 끓여 드렸더니 시어머니 병이 나았다. 자연스럽게 이 소문이 퍼지게 되었고, 유림향약본소(儒林鄕約本所)에서는 조씨 부인을 효부로 선정하여 사회의 귀감으로 삼아 표창하였다.

이 내용은 「포창완의문(襃彰完議文)」[23]과 『영남삼강록(嶺南三綱錄)』[24]에 실려 전한다. 글을 새긴 윤병선은 조씨의 장남으로, 새긴 시기는 100년 정도 되었다. 쑥은 추운 겨울을 지나 봄이 왔음을 알리는 대표적인 봄나물이다. 특히 여성에게 약효가 있는 것으로 알려져 있다. 진한 내음과 함께 겨우내 움츠렸던 몸을 따뜻하게 하는 나물이니, 어쩌면

---

23) 효행을 실천하는 사람을 지방 유림에게서 추천받아 전국 팔도의 선비들이 심사하고 그 뜻을 기리기 위해 내린 문서.

24) 영남 일대에 예로부터 내려오는 효자, 효부, 충신, 열부의 사적을 총괄 수록한 책.

한겨울 눈 속에서 쑥을 찾았다는 설애대 각자.

자연동천 춘래대 각자.

지막마을 입구. 춘래대 아래에 있는 자연동천의 추경.

산청의 뛰어난 천연약효를 말해 주는 고사가 아닐까.

훈훈한 효부의 이야기를 뒤로하고 조금 더 올라가면 새정지(신정마을) 삼거리가 나온다. 지막계곡에서 내려온 물과 수철에서 내려온 물이 합류하는 지점으로 개울가 바위에는 쌍계(雙溪)라는 각자를 비롯하여 여러 사람의 이름이 새겨져 있다. 우측 길은 수철과 구사마을로 이어지고 좌측 다리를 건너는 2차선 포장도로는 밤머리재를 넘어 삼장으로 가는 길이다. 여기서 11시 방향 지막마을로 들어가는 옛길을 따라 논둑 사이로 들어서면 호리병 목처럼 잘록한 이곳 양편으로 고목이 서 있고 아래로는 맑은 물이 흐르며, 그 옆 절벽에 '紫煙洞天, 春來臺, 德溪吳先生杖屨之所(자연동천, 춘래대, 덕계오선생장구지소)'라는 글씨가 새겨져 있다. '계곡에 자줏빛 연기 오르니 봄이 오고 있구나' 정도로 해석할 수 있다.

예로부터 선비들은 높은 산에 싸여 그윽하고 운치 있는 계곡에는 무슨 무슨 동천(洞天)이라는 이름을 붙였다. 자연(紫烟)에서 '紫(자주색자)'는 신선이나 제왕이 사는 신성한 곳이라는 의미가 있다 보니 '자연'이라는 단어는 옛 한시에도 자주 등장한다. 춘래대(春來臺) 석각은 1902년에 새겼으며, 10년 뒤인 1912년에 그 위에다 춘래정(春來亭)을 짓기 시작하여 1913년에 낙성식을 하였다고 기록되어 있다. 춘래정을 지으려고 터를 닦으면서 지렛대로 바위를 들었더니 바위 밑에서 학이 한 마리 나와 하늘로 날아갔다는 이야기가 전해 온다.

덕계 오건은 남명 조식의 제자로, 조식이 덕산 산천재에 거처할 때 왕래를 하며 두터운 사제의 정을 나눠 시천, 삼장의 송객정과 면상마을 등에도 그 일화가 전해 온다. 춘래정 기문은 면우(俛宇) 곽종석(郭鍾

錫, 1846-1919)이 찬(讚)한 것으로, "春來臺相傳南冥夫子從德山來會先生于此相羊累日歡晤而不能去(춘래대는 남명께서 덕산에서 오시어 덕계를 만나 이곳에서 여러 날 함께 지내면서, 만난 기쁨에 차마 떠날 줄 몰랐다고 하는 곳이다)"라고 적혀 있다. 그래서 오건은 스승인 남명을 만나면 봄과 같이 따스함을 느껴 스승이 오는 것이 마치 봄이 오는 것과 같다 하여 춘래(春來)라고 하였다 한다. 그러나 겨울에는 산에 눈이 쌓여 왕래할 수 없으니 어서 봄이 와 만날 수 있기를 바라는 마음으로 밤머리재 바로 아래인 이곳에 와서 서성거렸을 것 같다. 밤머리재는 고개가 높아 밤을 지고 가면서 한 말이나 까먹어야 고개에 오른다는 '밤말재'가 어원이다.

그렇다면 이곳에 '자연'이라 붙인 것도 춘래정 자리에 높이 앉아 봄이 오는 계곡을 내려다보면 얼었던 땅과 물이 녹으며 형성하는 물안개가 햇살을 받아 자줏빛으로 모락모락 올라오는 형상을 표현한 게 아닐까. 자연동천에서 시작하여 위로 이어지는 지막계곡은 여름이면 피서객이 몰려드는 자연발생 유원지다. 지막(紙幕)의 지명은 본래 '芝幕'이었다. 마을 뒷산에 산약초의 하나인 지초(芝草)가 많아 막(幕)을 쳐놓고 채취하였다 하여 그렇게 불렀으나, 이후 닥나무[楮]가 더 유명해지며 종이를 만들기 시작하여 '종이 지(紙)' 자로 바뀌었다는 설이 있다.

가야금 소리는 물을 따라 흐르고

금석정 / 고강동천 / 청금정 / 강한 선생 / 민재호 가옥

2000년대에 들어서며 지리산 아래 약초골의 명성을 살려 필봉산과 왕산의 기운이 모이는 특리마을 위 옛 고령토 광산 자리에 '동의보감촌'이 만들어지기 시작했다. 여기는 1970–1980년대까지 여름이면 마을 아이들이 소를 먹이는 곳이었고, 겨울에는 땔나무를 하러 오르내렸던 곳이다. 지금 본디올탕제원이 있는 후문 쪽 아래 계곡에 금석정(琴石亭)이 있으며, 계곡을 따라 더 내려가면 금계정(琴溪亭), 청금정(廳琴亭)이 있고, 그 아래에 특리마을이 있다.

세 개의 정자에 모두 공통적으로 들어 있는 단어는 '금(琴)'으로, 계곡의 정자에서 가야금 소리 들으며 풍류를 즐기는 선비의 모습이 상상된다. 혹시 맑은 물소리가 가야금 소리처럼 맑고 깨끗했다는 의미일지도 모르겠다. 그러나 동의보감촌이 조성되면서 수량이 급격히 줄어들어 예전의 맑고 시원하며 깊은 맛이 사라지고 있어 안타깝다. 옛날에

민재규가 처음 자리를 잡았다는 금석정의 현재 모습.

는 도로 사정이 좋지 못하여 멀리 나가질 못하니 농번기가 끝나면 마을 사람들이 이곳에서 회취(會聚)도 하고, 인근 학교에서는 봄, 가을에 소풍을 오기도 했다. 소를 먹이던 아이들은 산에다 소를 풀어놓고는 해가 넘어갈 때까지 여기서 낮잠을 자고 멱을 감았다.

금석정은 특리에 살던 민재규(閔在圭, 1819~1885)가 이곳의 경치를 좋아해 자신의 호를 따서 작은 모정(茅亭, 짚이나 새로 지붕을 얹은 정자)을 짓고, 자주 올라와 여러 벗들과 풍류를 즐겼던 장소이다. 여기에는 그의 흔적을 찾을 수 있는 각자가 여럿 있다. 정자 바로 뒤 '금석민공유허비(琴石閔公遺墟碑)'가 세워져 있고, 기초석인 바위에는 그의 호 '금석

금석과 농폭 각자.

———

문산와폭.

(琴石)'을 새겼다. '정자 곁 작은 소(沼)에 聾瀑(농폭), 와폭 옆 암벽에
高岡洞天 文山臥瀑(고강동천 문산와폭), 그 건너편에 洗塵洞(세진동, 먼
지와 피로를 씻어 내다)의 글씨를 손수 새겼다'고 유허비에 적혀 있다.

농폭의 농(聾) 자는 '귀머거리 농'인데, 왜 이름을 '소리가 들리지 않
는 폭포'라 했을까? 민재규의 중시조인 민안부의 호가 농은(農隱)으로
'농사지으며 은둔한다'와 자손들에게 벼슬길에 나가는 것을 경계하라
고 가르쳤다는 일화를 생각해 보면, 조상의 뜻을 따라 세상일에 귀를
막고 조용히 지내겠다는 다짐이 아닐까 싶다. 민재규의 형인 민재남이
쓴 「부차운감영(附次韻感詠)」에 있는 "선인의 가르침을 감읍하고 받들

청금정의 추경.

어서, 돌밭을 일구며 가난을 견뎌내네(泣受先人訓, 石田可供貧)"라는 구
절을 보면 농폭의 의미가 이와 같으리라는 것이 더 확실해진다.

　조금 더 아래로 내려가면 암반의 골을 따라 물이 흘러가는 와폭이 나
온다. 특리마을에서 보이는 왕산을 마을 사람들은 강고산이라 불렀고,
좌측에 보이는 뾰족한 봉우리는 문필봉 또는 필봉산이라 했다. 문산와
폭에서 문산은 문필봉을 지칭하는 것으로 보이며, 고강동천에서 '고강'
은 '높은 산등성이'라는 뜻이므로 산 아래 경치 좋은 곳으로 해석할 수
가 있겠다. 금재(琴齋) 강한(姜漢, 1454-?)이 특리마을에 살았는데 그가
예전에 고산 현감을 지냈다 하여 금재가 살고 있는 곳의 높은 산이라

강고산(姜高山)이라는 설은 '금재 강한유허비'에 나오는 내용이다. 또 구형왕과 관련 있는 '광고산'이라는 설이 있다. 손성모의 『산청의 명소와 이야기』에 나오는 내용은 다음과 같다.

"옛날 가락국 왕실에 세상에서 찾아볼 수 없는 아주 귀한 보석 두 개가 전해 내려왔는데 그중 한 개를 '광고'라고 불렀다. 가락국 구형왕이 신라군사의 침략에 밀려 산청군 금서면 특리에 위치한 이름 모를 산 중턱에서 하룻밤 야영을 하게 되었다. 그런데 새벽녘 달빛 아래 흔들리는 억새풀을 적군의 깃발로 착각하고 갑작스레 피신을 하다가 그 와중에 귀한 보석 두 개 중 광고라는 이름을 가진 보석 한 개를 잃어버렸다. 훗날 구형왕은 군사를 동원하여 온 산을 샅샅이 뒤져 광고를 찾아보았으나 찾을 수가 없었다. 그래서 보석 찾는 것을 단념하는 대신 이 산의 이름을 광고라고 부르게 되었다."[25]

특리마을로 내려가면 위쪽 끄트머리에 '聽琴亭(청금정)'이라는 현판이 걸린 정자가 있다. 조선 성종 때 진주 강씨(姜氏)로 휘(諱)가 한(漢)인 이가 있었다. 1468년 예종이 즉위한 그 해 부친 강이경(姜利敬)은 군위현감으로 제수된 상태였으나 부임하기도 전에, 유자광의 모략에 의해 남이(南怡) 장군이 화를 입을 때 연루되었다. 기록에 의하면 남이와 함께 계(契)를 만들고 활쏘기를 하였다고 하여 죽임을 당했다. 강이경의 아내는 노비로 내쳐졌으나 예종이 즉위한 지 14개월 만에 세상을 떠

---

25) 손성모, 『산청의 명소와 이야기』(좋은생각나라, 2001), 198-199쪽.

청금정 주련.

나고 성종이 즉위하자 노비에서 풀어주고 신분은 복원시켰으나, 가족
들 모두 함양(咸陽)으로 유배를 보냈다.

어릴 때부터 영특했던 강한은 특히 글솜씨가 뛰어났다. 열여섯 살 때
이웃 사람이 상소문을 적어달라고 해서 대필을 했는데, 성종이 그 글씨
를 보고 감탄하여 글쓴이를 보고 싶어 가마를 보내 불러서는 지필을 하
사하고 중국 사신을 접빈하는 역할을 맡기기도 했다. 성종 24년(1493)
에 정희왕후(세조의 비)가 자신의 친척이 된다는 것과 벼슬길에 나갈 길
을 열어달라고 요청했다는 기록이 있다. 그러나 대간(臺諫)들의 반대로
미뤄지다가 연산군 1년(1495)에야 금고(禁錮)[26]가 풀렸다. 이듬해 43세
의 나이로 병진증광사마시(丙辰增廣司馬試) 진사 3등으로 급제하여 관
리가 되어 지례(知禮), 고산 현감을 지냈다.

---

26) 조선 시대에 죄가 있거나 신분상의 문제로 벼슬을 하지 못하게 한 것.

명옥탄 각자.

　이후 연산군의 폭정에 모친상까지 겹쳐 벼슬을 버리고 두류산 동쪽 산음현(山陰縣) 필봉 아래에 터를 잡고 은거하며 서재를 금재(琴齋)라 이름 짓고 가야금과 글쓰기로 여생을 보냈다. 청금정(廳琴亭) 아래 맑은 물이 흐르는 계곡을 명옥탄(鳴玉灘)이라 불렀는데, 가야금 소리와 옥구슬의 울림이라는 뜻이니 이름만 들어도 옛 선비의 풍류와 멋을 느낄 수 있지 아니한가? 여기에 명옥탄이라는 말을 붙인 것은 모재(慕齋) 김안국(金安國, 1478-1543)으로 그가 경상도 관찰사로 있을 때(1517) 이곳에 은거해 있던 금재를 방문하고 시를 지었는데, 거기에 나오는 말이다.

頭流山色吟窓裏　　두류산 풍경을 창 안에서 읊으니,

鳴玉灘聲醉枕間　　명옥탄 물소리가 베개 사이로 스며드네.

自有林皐娛歲月　숲 우거진 물가에서 세월을 즐기니,

更無魂夢到塵寰　속세에 대한 마음은 꿈에도 다시 없으리.[27]

　이 시는 현재 청금정 기둥의 주련에 적혀 있으며, 세상을 등지고 이 곳에서 자적하며 풍류를 즐기는 모습이 고스란히 스며들어 있다. 강한 은 이곳 청금정에서 후학을 가르치고, 많은 시인 묵객들과 어울리며 여 생을 보냈다.

　마을로 내려가면 후손들이 떠난 이후부터 제대로 관리가 되지 않고 있지만 몇 채의 고택이 있다. 마을 사람들이 그냥 의관댁(議官宅) 또는 이층집이라 부르는 집 안으로 들어가면 국가등록문화재 제148호, 민재 호 가옥이라는 안내판이 서 있다. 일제 강점기 평안북도 정주 군수를 지낸 민재호가 건립한 2층 한옥으로 규모는 정면 5칸, 측면 3칸이다. 방 을 두 줄로 배열한 겹집 구조로 고급 춘양목을 민흘림 기법으로 기둥을 세운 것이 특징이다.

　아랫방에서 2층으로 통하는 계단이 있는데, 2층은 주로 여름철에 사 용하는 공간으로, 마룻바닥에 평상을 놓고 사용했다. 2층 마루가 그대 로 1층의 지붕이 되는 구조다. 2층의 외벽 사방에는 채광과 환기를 위 해 가로로 긴 들창을 달아 놓았는데, 창살 짜임이 일본식에 가깝다.

　마을 아래쪽에는 강원도 삼척 지역에서 활동한 관동창의대장 복재 (復齋) 민용호(閔龍鎬, 1869-1922) 의병장의 생가가 있다. 민용호는 같은 마을에 사는 노사(蘆沙) 기정진(奇正鎭, 1798-1879)의 문인인 민치량(閔

---

27)　강동희, 『고산추모록』(대경출판사, 1981.) 13쪽. 번역은 저자 중 민영인이 했다.

민재호 가옥.

致亮, 1844-1932)에게 수학하고, 화서(華西) 이항로(李恒老, 1792-1868)의
문인인 성암(誠菴) 박문오(朴文五, 1835-1899)를 사사하였기 때문에 위
정척사의 양맥인 노사학파와 화서학파에 모두 접맥되어 있다.

한때 100호가 넘고 마을 하나에 초등학교가 있을 정도로 산골 마을
치고는 꽤 규모가 있었으나 지금은 나룻배와 물레방아도 사라지고, 여
느 농촌과 다를 바 없이 노인들만이 마을을 지키고 있다. 최근 들어 고
향을 떠났던 이들이 하나둘 돌아오기 시작하고, 새로 전입하는 이들도
있다. 다시 한번 양반 고을이라는 자존심을 살려 보려는 움직임이 있어
마을의 전통이 유지될 수 있다는 것이 그나마 다행이다.

신선과 함께 노닐다

선유동계곡 / 낙수암 / 유상곡수 / 덕계 오건

선유동계곡은 찾아가기가 쉽지 않다. 먼저 신안면 수월리로 가서 수월폭포로 들어가지 않고 2차선 포장도로를 따라 계속 올라가야 한다. 수월리 끝 부분에서 길이 끊어진 듯 이어진 듯 다소 애매하지만 길 자체는 좋으며 교행할 수 있는 장소도 두 곳 정도 있다. 이 길은 위쪽에 있는 선유동 전원마을까지 연결되어 있으나 선유동 계곡 진입로를 알리는 표지판이 없어 수월폭포 방향으로 잘못 들 수 있다. 수월폭포 입구는 사유지로 주차비를 징수한다는 손 글씨 팻말이 서 있다.

이 길을 따라가다 중간쯤에 있는 수월교를 건너 적당한 곳에 차량을 세우고 좌측 숲속에 숨어 있는 계곡으로 들어가서 계곡에 발을 담그면 여기가 맞다는 확신이 들 것이다. 중간중간 야영했던 자리와 희미하게나마 흔적이 남아 있는 오솔길은 이어졌다 끊어졌다를 반복한다. 계곡을 따라가는 동안 때로는 바위를 오르고, 때로는 덩굴에 몸을 지탱하며

선유동.

계곡 속으로 들어가면 선유동이 나온다.

  지금도 오기가 이리 힘든데 옛날 사람들은 지금보다 더 험했을 이곳
을 어떻게 알고 찾아왔을까? 물론 신선이나 선비가 속세와 가까운 곳
에서 놀지는 않았겠지만, 경사도나 이동 거리를 생각한다면 그리 험한
경로가 아님에도 심심산골의 분위기를 풍긴다. 큰 바위 밑에는 촛불이
두 자루 켜져 있고 큰 바위 옆에 신당(神堂)으로 보이는 움막이 있다.
역시 이런 곳은 누구보다도 무속인들이 좋아하는 곳이다. 사진을 찍으
며 조심스럽게 다가갔으나 인기척은 없다. 아마 외출을 했거나 가끔 일
이 있을 때만 찾아오는 곳일 수도 있겠다는 생각이 스친다. 이곳을 지

나니 희미하게나마 있던 길의 흔적은 아예 없어지고 본격적인 선유동이구나 하는 느낌이 들 정도로 지금까지와는 사뭇 다른 절경이 곳곳에 숨어 있다.

선유(仙遊)라는 글자가 들어간 곳은 전국 곳곳에 있다. 신선이 놀다 간 곳, 선녀가 내려와 목욕했던 선녀탕 등 신선 사상이 계곡을 모두 접수했다고 해도 과언이 아닐 것이다. 우리는 일반적으로 신선 사상은 도교나 노장 사상이라고 생각한다. 하지만 자료를 찾아보면 중국과는 별개로 우리의 신선 사상은 단군신화와 연관되지 않았을까 싶다. 특히 신라 화랑의 교과목에는 상마도의(相磨道義: 사람이 마땅히 해야 할 도덕상의 의리를 서로 닦는다), 상열가락(相悅歌樂: 노래와 춤으로 서로 즐긴다), 유오산수(遊娛山水: 명산대천을 찾아 즐긴다)가 포함되어 있다. 따라서

촛불이 켜진 큰 바위.

———

조선 시대 유자(儒者)들이 풍류를 즐겼다 하여 그것이 반드시 노장 사상의 영향이라고 볼 수는 없다.

『한국민족문화대백과』에서는 풍류를 자연을 가까이하는 것, 멋이 있는 것, 음악을 아는 것, 예술에 대한 조예, 여유, 자유분방함, 즐거운 것 등으로 설명한다. 풍류에서 바람과 물의 흐름은 결국 인간관계에도 적용되어 사람 사이의 교류를 뜻하는 의미도 스며 있다. 따라서 지음(知音)끼리 즐긴 음풍농월(吟風弄月)은 속된 것을 버리고 고상한 유희를 즐긴 것으로 이해해도 되지 않을까.

선유동은 특별히 소개한 안내판이 하나도 없기에 사전 지식이 없다면 선인들이 즐겼던 풍류에 대한 느낌이 다가오지 않아 단순한 계곡 산행에 그칠 수 있다. 후산(厚山) 이도복(李道復, 1862-1938)이 쓴 「선유동기(仙遊洞記)」를 먼저 읽고 그 지점을 확인해 보는 것도 선유동의 절경을 즐기는 데 도움이 될 수 있다. 이도복의 본관은 성주이며 남명의 문하로 이조좌랑을 지낸 동곡(桐谷) 이조(李晁, 1530-1580)의 10세손이며, 남명 사상을 가학(家學)으로 삼은 선비이다. 신안리 길가에 후산이선생 유허비가 서 있는데 자세히 찾지 않으면 지나치기 쉽다.

다음은 『산청석각명문총람』에 수록된 「선유동기」의 번역문 일부이다.

낙수암 아래 깊은 골짜기가 수백 척인데, 은빛 물결이 바위 면을 따라 띠처럼 구불구불 흘러내린다. 한 곳에 이르면 기이하게도 갑자기 물도랑이 끊기면서 교묘하게 발을 걸쳐놓은 듯한 모양이 되어, 끝에서 물이 떨어져 내린다. 이태백의 시 '하늘에서 마치 은하수가 떨어져 내리는 듯하다.'는 뜻을 빌어 '은한폭(銀漢瀑)'이라 한다. 폭포의 동쪽 경사진 바위에 신(神)이 깎은 듯한 구덩이가 있는데, 위에 것은 술 8, 9말, 아래 것은 일 곡(斛)을 담을 수 있을 정도다. 두보의 시 '어찌 선인의 구절장(九折 杖)을 얻어 옥녀 머리감는 물동이를 뒤엎으리'라는 뜻을 취해 '세두분(洗 頭盆)'이라 하였다. 은한폭 아래 천척(千尺)의 깊이를 가진 맑은 담(潭) 이 있는데, 도화담의 수심이 천척이라는 뜻을 따서 '도화담(桃花潭)'이 라 부른다. 도화담 앞에 구름 위로 높이 솟은 바위가 있는데, 주자의 조 대사(釣臺辭) 말을 빌어 '모운벽(暮雲壁)'이라 한다. 여기 조금 남쪽에 양 쪽 산이 굽이지며 만나는 듯이 보이는 곳 동편에서 계류가 흘러 들어와 담(潭) 하나가 생겼는데, 그 담의 벽이 마치 병풍이 선 듯이 보여 이른바 '소은병(小隱屏)'이라 한다. 이 병풍바위 아래 물이 다시 굽이지면서 맑 은 담과 작은 돌이 널린 곳을 '진로탄(振鷺灘)'이라 하는데, 이전부터 내 려온 이름이고 또 여울의 형상이 (물이)부딪치고 (돌을)찧고 어지럽게 쪼 는 듯하여, 마치 해오라기가 무리를 지어 날아오르는 것 같아서, 한비자 의 연희정(燕喜亭)의 낱말을 따서 이름을 붙인 것이다.[28]

선유동 각자가 있는 곳까지 올라오는 명소를 이보다 더 잘 표현할 수 는 없을 것이다. 최종 목적지인 낙수암(落水巖)에 도달하자, 한눈에 들 어오는 풍경은 의심할 바 없는 선계(仙界)이다. 신선들이 노닐기에 적 당하고 때로는 선녀들이 내려와 날개옷을 훌훌 벗고 목욕을 하고 올라 가도 될 정도로 물은 맑고 주위는 고요하여 꼭꼭 숨겨 놓은 절경일 따 름이다.

---

28) 권유현, 『산청석각명문총람』 제2권(동아인쇄, 2016), 1179-1180쪽.

———

낙수암.

바위 곳곳에 각자들이 보인다. 신기(神技)에 가까운 시재(詩才)를 지
녔다는 병은(病隱) 도경효(都敬孝, 1556-1622)의 시가 가장 먼저 눈에 들
어온다.

徵士病隱都公詩

仙人去後石臺空	신선이 노닐다 간 뒤 석대는 비었는데,
白日雷鳴翠峽中	한낮 짙은 골짜기에 천둥소리가 요란하구나.
靑蓮若見流觴處	이백이 만약 여기 유상처를 본다면,

徵士病隱都公詩(징사병은도공시) 각자.

應道廬山在下風　　응당 여산도 이보다 못하다 하리.

庚子五月　日　　　(경자년 오월에)[29]

　이 각자는 경자년이라고 적혀 있으나 병은이 직접 적은 것은 아니
고 뒤에 후손들이 새긴 것으로 추정한다. 『병은선생문집』 제1권에 「제
선유동(題仙遊洞)」이 있고, 안쪽 바위에 후손인 도범균(都範均), 도병

29)　권유현, 앞의 책, 1170쪽.

우(都炳禹)의 글씨가 있어 이런 추정이 가능하다. 병은 도경효는 학식과 덕행이 뛰어난 인물로 산림에 은거하여 임금의 부름을 사양하고 끝까지 처사의 삶을 산 선비였다. 그는 임진년에 왜구가 침입하자 망우당 곽재우와 함께 의병을 일으켜 왜병을 물리쳤다. 그 후 임금은 그에게 능서랑(陵署郞)을 부여하며 세 번이나 불렀으나 병을 이유로 출사하지 않았다.

각자로 새겨진 천둥소리는 선유동 폭포의 물소리가 웅장하다는 비유인데, 중국 강서성에 있는 여산(廬山)이 중국 10대 명산의 하나이지만, 선유동의 배경이 여산보다 뛰어남을 표현한 것이다. 옆의 돌에는 유상곡수(流觴曲水)가 큼지막하게 적혀 있다. 선유동의 유상곡수는 명암(明庵) 정식(鄭拭, 1683-1746)의 시에 나타난다.

笑坐流觴曲水濱	웃으며 유상곡수 물가에 앉으니,
此間閒事最仙眞	이 순간 최고의 진정한 신선이 되었네.
淸波白石桃花上	맑은 물 흰 바위에 복숭아 꽃 떠 있고,
物色依然癸丑春	만물의 색깔은 여전히 계축의 봄이네.[30]

마지막에 계축(癸丑)이라는 간지는 정식의 생애로 보면 1733년 51세가 되는 해를 지칭한 것으로 볼 수 있으나, 유상곡수의 어원이 된 왕희지의 「난정서(蘭亭序)」에 있는 "영화 9년(353년) 계축 늦은 봄 초에 회계산 북쪽 산음의 난정에 모여 수계를 했다(永和九年歲在癸丑暮春之初, 會

---

30) 권유현, 같은 책, 1174쪽.

유상곡수.

于會稽山陰之蘭亭, 修稧事也)"를 인용한 것인지 정확히 알 수는 없다.

이곳은 너럭바위가 제법 넓어 정식이 충분히 술잔을 띄우고 유상곡수를 즐겼을 수도 있겠다는 생각이 든다. 이곳 선유동 계곡에서는 누구나 '흐르는 물에 잔을 띄우며 시를 짓는 유상곡수'를 흉내라도 내고 싶어질 것이다. 유상곡수가 쓰인 바위를 돌아가면 선유동(仙遊洞)이라는 각자가 있고, 안쪽 제일 구석에 옥류동(玉流洞)이라는 글씨가 눈에 들어온다. 선유동이나 옥류동은 모두 맑고 깨끗한 계곡물이 흐르는 경치 좋은 곳을 지칭하는 말이다. 옛부터 옥은 맑고 고결함의 상징이며 동양에서는 가장 귀한 보석으로 여겼으니 옥처럼 맑은 물이 흐른다면 당연

선유동 각자와 옥류동 각자.

히 신선들이 노닐 만한 곳이라고 생각했을 것이다.

옥류동 각자 옆에 세로로 새긴 작은 글씨는 '계축계추하한(癸丑季秋下澣: 계축년 음력 9월 하순)'으로, 새긴 사람은 치옹(癡翁)이다. 치옹은 이휘부(李彙溥, 1809-1869)의 호로 1850년 단성 현감으로 부임했고, 임자(壬子, 1852) 10월에 생사비(生祠碑: 고을 수령이 선정을 베풀어 주민들이 고마운 마음을 새겨 생전에 세운 비)를 세웠다. 이 비석은 현재 단성면 면사무소 옆에 다른 선정비들과 함께 세워져 있다. 이렇게 볼 때 치옹이 선유동을 찾은 때는 단성 현감을 마치고 떠나기 전인 1853년이다.

물이 흐르는 왼쪽 돌에는 덕계오선생장구소(德溪吳先生杖屨所)가 적혀 있다. 덕계의 글이 선유동에 대한 기록으로는 가장 오래된 것으로 알려져 있다. 그러나 선유동을 찾은 최초의 인물은 아닐 것이고, 그 이전부터 명성이 있었으니 덕계도 이곳을 찾아 세 편의 글을 남기지 않았을까. 그중에서 아래의 시는 「선유동폭포2首」이다.

石逕崎嶇掛樹端	험한 산 속 돌길 돌아 오르니 나무에 걸린 듯,
尋來忽得一巖寬	찾아와 보니 홀연히 너럭바위 나타났네.
一掬淸溪冷於雪	맑은 물 한 움큼 떠보니 시리기가 눈과 같고,
煩腸將洗齒先寒	답답한 속 씻으려니 이가 먼저 시리도다.[31]

힘들게 올라오니 갑자기 암반 위로 맑은 물이 흐르는 선경이 펼쳐졌을 것이다. 땀도 많이 흘려 갈증도 있었지만, 연이은 가정의 불행과 학

---

31) 권유현, 앞의 책, 1194쪽.

문에 대한 압박감을 해소하고자 양손으로 물을 한 움큼 떠 마시려는 장면이 그려진다. 조선 시대 선비는 가문의 도움을 받거나, 부잣집에 장가들거나 하지 않으면 과거에 급제를 해야 된다. 그렇지 않으면 선비 체면에 농사나 장사도 할 수 없고 그냥 '백수'로 힘들게 살아갈 수밖에 없었다.

이 외에도 주변에는 사람 이름 각자 몇 개와 입구 왼쪽 바위에 읽기 어려운 선으로 무슨 암호를 새긴 것 같은 글씨가 두 줄 있다. 『산청석각 명문총람』에 의하면 '청산백석(靑山白石) 제조낙화(啼鳥落花)'이다. 이 구절은 후산 이도복이 「선유동기」에 남긴 "西壁下余以成梅竹堂法墨摹刻靑山白石啼鳥落花八字而標題焉(서벽하여이성매죽당법묵모각청산백석제조낙화팔자이표제언)"에 있는 것으로 판별이 가능한 부분이다. '서벽 아래에 내가 매죽당 성삼문의 법첩에 있는 청산백석 제조낙화 여덟 자를 뽑아 새기고 표제로 삼았다'는 뜻이다. 그러나 정확한 시기는 밝히지 않아 대략 이도복이 자유롭게 활동하던 때를 고려한다면 1900년경으로 추정한다.

푸른 산에 흰 돌이라는 '청산백석'은 무위자연의 맑고 깨끗함을 뜻하여 선비들이 많이 인용한 문구이고, 새가 울고 꽃이 진다는 '제조낙화'는 봄날의 정경을 표현하는 것으로 출전은 중국 북송 시기 문인인 동파(東坡) 소식(蘇軾)의 시에 나오는 '제조낙화춘적적(啼鳥落花春寂寂)'을 최초로 본다. 자신이 배우고 익힌 문장에서 찾은 문자를 바위에 새겨 선유동의 절경을 즐기는 옛 선비들의 모습이 보이는 듯하다.

경호강에서 용을 낚다

경호강 / 장선탄 / 용소 / 용화반 / 조대 / 은어

산청이 지닌 자연의 매력은 옛 지명인 산음에서 찾을 수 있다. 산음현을 한마디로 표현하면 '수곡산회(水曲山回)'의 고장, 즉 물이 굽이치고 산이 감돈다는 뜻이다. 산청의 중심을 따라 서북에서 동남으로 경호강이 흐르고 강의 좌우로 산들이 솟아 있어 절경을 이룬다. 여름이 되면 경호강에서는 래프팅을 즐기는 사람들로 넘쳐 형형색색의 화려한 물놀이객들이 마치 유등 행렬처럼 떠내려간다. 경호강 코스 중 가장 스릴 넘치는 구간은 내리교 아래 급류 구간이다. 여기저기 큰 바위들이 솟아 있어 요리조리 피하며 세찬 물길을 따라가는 순간 환호성이 터져 나온다.

『신증동국여지승람』 제31권 「경상도 산음현」 편에 "장선탄(長善灘)은 현 남쪽 2리 지점에 있다"고 적혀 있어, 이곳을 장선탄이라 부른다. 왜 여울의 이름을 '장선(長善)'이라 했을까? 장선은 오래도록 착한 일을

장선탄.

많이 하라는 뜻인데, 여울의 이름으로는 다소 생뚱맞다는 느낌이다. 그
아래에 있는 소를 산청 사람들은 '용소'로 부르는데, 물살이 부딪치며
돌아 흐르는 바위에 용화반 시와 조대 등의 글자가 새겨져 있다. 원래
는 윗부분이 산청군하수종말처리장으로 가는 도로의 노면과 거의 비슷
한 상태였으나 2013년 홍수로 지반이 약해지며 2014년 아래로 미끄러
져 내려가 현재의 위치가 되었다. 다행히 물이 적을 때는 각자를 모두
볼 수 있다.

　　장선(長善)은 『예기(禮記)』「학기(學記)」 편에 있는 "그 마음을 알고
난 연후에 그 결점을 구해 줄 수가 있다. 가르치는 사람은 장점으로 결

———

용소.

점을 보완해 주는 것이다(知其心, 然後能救其失也. 敎也者, 長善而救其
失)"라는 구절에서 나왔다. 선비들이 풍류를 즐기는 곳의 이름으로 더
없이 좋다. 그런데 현에서 2리나 떨어진 경호강 물가에 왜 이런 이름을
붙였을까?

　향교나 서원에는 유생들이 공부하다 머리를 식히는 유식 공간이 있다.
산청향교의 유식 공간인 외삼문 2층 누각은 '욕기루'이다. 산청향교 유
생들의 유식 장소로 이보다 더 좋을 수는 없다. 음풍농월(吟風弄月)하며
욕기풍영하는 옛 선비들이라면 이곳에서 당연히 멋진 시 한 수 짓지 않
았을까? 역시 용소를 만드는 바위인 용화반 옆에 시가 각자되어 있다.

용화반.

조대 각자.

용화반 시.

樂山玩水混忘故   산수 즐기느라 돌아가기를 잊고,

弄月吟風實厭故   달과 바람 노래하니 정말 돌아가기 싫구나.

不老無償天景債   하늘이 내린 경관 그저 빌어 늙음 마다하고,

限生未報化龍故   유한한 생에 갚지 못하고 용이 되어 돌아가리라.

岹洸攽書   초광이 생각한 바를 쓰다.[32]

큰 바위 면에 '1916년 병진년생 용'이란 각자 옆으로 34명의 이름이

---

32) 권유현, 앞의 책, 78쪽.

경호강 조대.

새겨져 있고 그곳에 아래 줄 좌측 두 번째에 오규환이 있고, 꽃봉산 전망대 계단 아래 돌에도 昭洸 吳珪煥(초광 오규환)이 새겨 있으므로 이 글은 1916년생 용띠인 초관 오규환이 새긴 것으로, 시기는 채 100년이 못 된다.

또 하나 주목할 만한 글은 '釣臺(조대)'이다. 붕어낚시 전문가인 평산 송귀섭은 「평산의 조행수상(釣行隨想)」이라는 글에서 "바둑의 경우는 멀리 산허리를 휘감은 운우풍경(雲雨風景)에 취하다 문득 신의 한 수를 놓는 것이 신선의 바둑이고, 낚시에서 찌는 보는 듯 아니 보는 듯 편안한 시선으로 산천을 두루 바라보며 호연지기(浩然之氣)를 즐기는 것이 신선의 마음으로 하는 선비 낚시다"라고 했다.

자연 속에서 바람과 물결 따라 노니는 풍류에는 사람과의 관계가 들어 있다. 신선 사상은 한국에서 유자들의 풍류 문화로 정착되며 속된 것을 버리고 고상한 차원으로 끌어올려졌다.

세월을 낚고 있던 강태공이나 고산 윤선도를 군이 언급하지 않더라도 선비의 낚시는 '취적비취어(取適非取漁)'로, 반드시 고기를 잡는 것에 목적을 두지 않았다. 고기를 잡는 사람을 현대국어사전에는 같은 뜻으로 혼용하지만, 어부(漁夫)는 고기잡이를 업으로 하는 사람이고, 어부(漁父)는 취미 삼아 낚시를 하는 사람이다. 공자도 '조이불망(釣而不網)'이라 하여 '군자는 낚시는 하되 그물질은 하지 않는다'고 경계했다.

『경상도속찬지리지』에는 어량(魚梁)이 설치되었던 지역이 적혀 있다. 어량은 대나 기타 재료를 이용하여 만든 발을 하천에 설치하여 상류에서 내려오는 물고기를 잡는 어구다. 산음현에는 현의 남쪽 장선탄에 어량이 설치되었고 주종은 은구어(銀口魚)다. 『전어지』와 『난호어목지』에는 주둥이의 턱뼈가 은처럼 하얗기 때문에 은구어라 부른다고 기록되어 있다. 산란기는 9-10월이며, 여울이 지고 모래와 자갈이 깔린 곳을 번식 장소로 택한다. 지느러미를 이용하여 모래와 자갈을 파내 산란장을 만들어 알을 낳으며, 알을 낳은 후에는 대부분 죽는다. 부화한 어린 은어는 곧바로 바다로 내려가서 육지와 가까운 근해에서 겨울을 나고, 이듬해 3-4월이 되면 5-7센티미터로 자란 은어들이 태어난 하천으로 거슬러 올라와 일생을 보낸다.

예전부터 경호강에는 급류가 많아 은어가 많이 올라왔으나 진주에 진양호댐이 생기면서 바다와 차단되어 은어가 한동안 사라졌다가 최근

경호강, 필봉산이 선명하게 보인다.

에 산청군에서 은어 치어를 방류하여 다시 은어 낚시가 활기를 띠고 있다. 경호강에는 5월 1일부터 9월 14일까지는 금어기가 해제되어 전국의 강태공들이 몰려온다. 경호강 조대에 서서 낚시를 했던 사람들은 뭘 낚았을까? 자의든 타의든 회재불우(懷才不遇)를 탓하며 은거의 풍류를 즐기지는 않았을까.

6장

산청 사찰을 거닐다

—

불교의 정신과 문화

대원사, 그 넉넉하고 자비로운 품에 안기다

대원사계곡 / 파초 / 다층석탑 / 산왕할매

어머니 산이라고 부르는 지리산은 백두대간이 한반도를 남으로 달리다가 서남으로 굽어지며 넓고 깊게 자리 잡은 산이다. 세 개 도(경남, 전남, 전북), 다섯 개 시군(산청군, 함양군, 하동군, 남원시, 구례군)을 이어 주는 지리산 자락에 대원사(大源寺)가 있다. 대원사를 찾아가는 길은 늘 우리 곁에 있을 줄만 알아 그 소중함을 잊고 지내던 어머니를 만나러 가는 느낌이었다.

지리산 대원사를 가려면 단성IC를 지나는 길과 산청IC를 지나는 길이 있지만 시간 여유가 있거나 지리산 기운을 더 만끽하고자 한다면 산청IC를 지나 밤머리재를 넘는 코스를 추천한다. 금서면 지막리 도로 초입부터 삼장면 홍계리까지 홍단풍 나무가 끝없이 이어지는데, 바람에 나부끼는 홍단풍 잎들의 환영을 받으며 밤머리재 중턱쯤 오르면 건너

대원사 일주문.

편에 우뚝 솟은 필봉산과 왕산의 기세가 전해 온다. 길을 빙빙 돌고 돌
아 마침내 금서면과 삼장면 경계에 이르러 고갯마루에 올라서면 왼쪽
의 웅석봉과 오른쪽의 지리산 자락이 웅장하게 펼쳐지고, 그 사이로 눈
아래 삼장면이 포근히 자리 잡고 있다.

　대원사는 산청군 삼장면 유평리에 있어 절 앞의 도로를 계속 따라가
면 유평리 너머 새재 마을까지 갈 수도 있다. 대원교 오른쪽 계곡에는
지리산 깊은 골에서 샘솟은 물이 청량하게 흘러넘친다. 여름에는 푸른
나뭇잎과 계곡물이 옥빛으로 눈부시고 우거진 나무들이 큰 지붕이 되
어 시원한 그늘을 만들어 주고, 흙과 풀, 물 냄새가 섞여 마음이 편안해

진다. 가을에는 계곡물이 단풍잎 따라 붉게 물든다. 최근에는 소막골 야영장부터 예전 가랑잎초등학교까지 계곡을 따라가는 탐방로인 대원사 계곡길이 만들어져 남녀노소 누구나 힘들이지 않고 지리산이 주는 자연을 그대로 가까이 느낄 수 있다.

'방장산 대원사'의 일주문을 지나면 아름드리 금강소나무들이 하늘을 향해 마음껏 곧게 뻗어 올라가기도 하고, 계곡으로 몸을 틀어 유연함을 과시하기도 한다. 소나무들은 어른의 두 팔로 껴안고도 남을 만큼 넉넉한 품으로 자랐다. 이렇게 소나무들이 우람하고 굳세게 제 자리를 지키는 동안, 이 소나무들을 위해 애쓴 사람들이 분명 있었을 것이다. 마을 지명인 유평 중 '유'자는 '기름 유(油)' 자로 옛날 기름을 얻기 위해 소나무에 상처를 내고 송진을 채집했다는 데서 유래되었다 하니 이렇게 자란 나무들이 더없이 고맙다.

그러나 세월이 흘러 '유평계곡' 대신 모두들 '대원사계곡'이라 부르는 것은 천년고찰 대원사가 있기 때문이다. 이 절은 연기조사(緣起祖師)가 신라 진흥왕 9년(546년)에 창건했다고 전해진다. 처음에는 평원사(平原寺)라 지었는데, 그 뒤 1,000년간 폐사지로 있다가 1685년(숙종 11) 운권(雲捲)이 옛터에 절을 짓고 대원암(大源庵)이라 하였다. 1890년(고종 27) 구봉(九峯)이 낡은 건물을 중건하고 서쪽에 조사영당(祖師影堂), 동쪽에 방장실(方丈室)과 강당을 짓고 이름을 대원사라 하였다. 1913년 12월 화재로 사찰의 건물이 소실되자 주지 영태(永泰) 등 50여 명이 힘을 보태 1917년에 전(殿), 누(樓), 당(堂), 각(閣)과 요사채 등 12동 184칸의 건물을 중건하였다. 그런데 1948년 여순반란사건 때 방화로 다층석탑만 제외하고 다 소실되었고, 다시 8년 동안 폐허로 남아 있었다. 이후

1955년 만허당(萬虛堂) 법일(法一)이 중창을 하고 비구니 선원으로 개설하였다. 이후 이 절의 선원은 충남 예산 견성암(見性庵)과 울산광역시 울주군 석남사(石南寺) 등과 더불어 우리나라를 대표하는 3대 비구니 참선 수행도량이 되었다.[33]

대원사의 당우는 대웅전을 기준으로 왼쪽에 원통보전(圓通寶殿), 천광전이 일렬로 서 있고 원통보전 뒤에 산왕각, 그 아래로 종무소와 명부전, 템플스테이를 하는 수련관이 있다. 대웅전 오른쪽으로는 범종각과 비구니들의 선원인 사리전(舍利殿)이 있다. 높은 돌계단을 올라 봉상루를 지나니 잘 가꾸어진 대웅전 앞뜰이 나왔다. 가장 먼저 눈에 띄는 것은 넓적한 잎사귀 뒤에서 금방이라도 하얀 코끼리가 걸어 나올 듯한 파초 무리였다. 이 파초로 인해 대원사 앞마당은 이색적인 분위기를 한껏 풍겼다. 파초는 바나나 나무와 같은 종으로 원산지가 중국이지만, 일찍부터 경남과 전남에서 재배되었고, 제주도에서는 자생하였다. 예부터 파초는 십군자(十君子) 중 하나로 문인들의 사랑을 받아 왔다.

그런데 산사에 파초를 심은 이유는 무엇일까? 달마(達摩)와 혜가(慧可)에 관한 이야기 속에 파초가 등장한 연유일지도 모르겠다. 9년 동안 면벽참선하던 달마에게 혜가가 불법을 물으러 왔다. 그런데 달마가 답을 하지 않아 혜가는 밤새 눈을 맞고 기다렸다. 아침이 되어 자신의 왼쪽 팔을 긋자 피가 흐르며 그 피가 파초가 되었다. 혜가는 그 잎에다가 "나의 믿음을 받아주십시오"라고 적었다.[34]

33) 권순목, 『지리산 이천년: 우리 민족정신과 문화의 꽃』(보고사, 2010), 209쪽.

34) 고연희 · 김동준 · 정민 외, 『한국학, 그림을 그리다』(태학사, 2013), 150쪽 참고.

파초가 무성한 대원사 대웅전.

파초를 옆으로 하고 계단 따라 대웅전에 오르니, 푸른 계곡물을 닮은 단청이 나온다. 화려하지 않아 더욱 품위와 격조가 있어 보인다. 평상 시에는 문이 열려 있어 잘 눈에 띄지는 않지만 대웅전의 문살이 특이했 다. 불가에서 보통 꽃이라 하면 연꽃을 떠올리기 마련이다. 그런데 이 문살에는 사군자를 나타내는 매난국죽의 문양이 새겨져 있었다. 대웅 전 정중앙에는 석가모니가 있고 그 곁에 협시보살인 보현보살상과 문 수보살상이 모셔져 있다. 보현보살은 석가모니여래의 오른쪽에 있으 며, 실천적 구도자로 불교의 진리와 수행의 덕을 맡은 보살이다. 문수 보살은 석가모니여래의 왼쪽에 있으며 대승불교에서는 최고의 지혜를

———

대원사 다층석탑.

뜻한다.

　산청의 사찰에는 십우도(十牛圖)를 담은 벽화가 많은데, 대웅전 벽에
도 십우도가 그려져 있다. 십우도는 마음의 본성을 깨우쳐 가는 과정을
동자승이 잃어버린 소를 찾아가는 것에 빗대어 그린 그림이다. 빛바랜
벽화 중에서도 텅 빈 원 그림에 눈길이 갔다. 그림 열 장면 중 여덟 번
째인 인우구망(人牛俱忘)을 나타내고 있는 그림으로, 동자승도 소도 없
고 오직 동그라미 속 고요만 있다. 이는 세상 물상은 실체가 없이 모두
공(空)임을 깨닫는 과정을 표현한 것으로, 욕망하는 것도 욕망하는 자
신도 잊어버리는 상황을 이른다. 어느 정도의 수행을 거쳐야 인우구망

에 이를 수 있을까?

『열반경(涅槃經)』에서는 습한 땅에 잡초가 무성하듯 애욕의 습지에는 번뇌의 잡초가 무성하다고 하였다. 애욕은 꽃밭에 숨은 독사와 같은데, 사람들은 꽃만 탐해 꽃을 꺾다가 독사에게 물려 죽을 수 있다는 것을 알지 못한다고 했다. 자신의 애욕이 무엇인지 볼 수 있어야 하고 과감히 던져 버릴 수 있어야 깨달음의 계단을 밟을 수 있다는 의미일 것이다.

대웅전의 오른쪽 문을 나오면 눈앞에 보물 제1112호인 대원사 다층석탑이 서 있다. 비구니 스님들의 선원 앞에 있는 탑이라 울타리로 막아 놓아 들어가서 가까이 볼 수는 없다. 전하는 바에 의하면 646년(선덕여왕 15) 자장율사가 부처님의 진신사리를 봉안하기 위하여 처음 건립했다. 현재 이 탑은 조선 전기에 다시 건립되었으나 임진왜란 때 파괴되어 1784년(정조 8)에 중건하였으며, 탑은 2층 기단 위에 8층의 탑신부를 올렸다. 그런데 탑 이름이 왜 8층석탑이 아니고 다층석탑일까? 이것은 우리나라 석탑은 모두 홀수로 탑신을 올렸기 때문에 탑신의 일부가 더 있었을 것으로 추정하여 이름을 다층석탑으로 정하였다고 한다. 탑 꼭대기 상륜부도 현재 그 일부만 남아 있다.

상층기단 각 면에는 두 손을 모아 합장한 공양상을, 2단의 기단 위층 네 귀퉁이에는 특이하게 인물상을 세워 기둥의 역할을 하도록 했고, 네 면에는 사천왕상을 각각 조각해 놓았다. 탑신 각 지붕돌은 처마는 두꺼우며 네 귀퉁이 모서리를 약간 올렸고, 8층 지붕돌 네 모서리에는 풍경을 달았다.[35] 바람이 스치고 지나가면 탑 모서리에 달린 풍경이 소리로

---

35) 권순목, 앞의 책, 211쪽.

그 존재를 알릴 것이다. 어떤 소리가 날지 사뭇 궁금했다. 이 탑은 철 성분이 많은 돌로 만들어져 시간이 흐를수록 붉은빛을 띠고 있는데 마치 아침노을을 흠뻑 받은 것처럼 온화함을 풍긴다. 나라에 좋은 일이 있을 때는 탑에서 서광이 나고 향기가 경내에 가득 퍼졌다는 이야기가 전해진다. 요즘 코로나19로 모두들 근심에 싸여 있는 이때 어서 역병이 가라앉고 평범한 일상으로 돌아와 다층석탑에 빛이 나고 향기가 나길 기원했다.

대웅전 뒤편으로 돌아 지리산 산왕할매를 보러 산왕각으로 향했다. 보통 우리나라 절에는 민간신앙의 영향으로 호랑이와 함께 하얀 수염의 산신령을 모신 산신각이 있다. 산신은 지역공동체의 정신이자 구심점이다. 하지만 대원사에는 특이하게도 산신각 대신 지리산을 상징하는 여신인 산왕할매를 모신 산왕각이 있다. 사실 말이 할매이지 그림과 조각상에 형상화된 모습은 젊은이에 가깝다.

이는 지리산을 지키는 지모신(地母神)을 형상화한 성모상(聖母像)을 천왕봉이 품고 있는 형상으로, 조선 중기 김종직(金宗直, 1431-1492)이 1472년에 쓴『유두류록(流頭流錄)』에도 성모묘(聖母廟), 성모석상이 나온다. 당시 함양 군수로 부임한 김종직은 성모에게 주과(酒果)를 올리고 '오늘 저녁에는 하늘이 말끔해져서 달이 낮처럼 밝고, 내일 아침에는 만 리가 환히 트여 산해(山海)가 저절로 구분되게 해달라'고 빌었다.

지리산 산신 중 여신인 천왕봉의 마고할미는 천신(天神)의 딸로, 선도성모(仙桃聖母) 또는 노고(老姑)라 불린다. 산신은 시대에 따라 고조선의 마고(麻姑) 할매, 신라의 박혁거세 모친 선도산신모(仙桃山神母), 고려 왕건의 어머니 위숙왕후(威肅王后), 석가모니의 어머니 마야(摩

耶) 부인 등 네 분의 신모(神母)로 나타났다. 이는 대원사 산왕각(山王閣)에 산신모(山神母)를 모신 이유이기도 하다. 따라서 지리산신은 어머니의 또 다른 모습이다.

대원사를 둘러보고 나와 시원한 숲속 도로를 따라 유평리를 향해 오르니 넓은 소가 나왔다. 노송 가지가 늘어져 있는 계곡은 운치 그 자체이다. 『아함경(阿含經)』에는 언제나 자비로운 마음이 머무르면 비록 악한 사람이 욕하더라도 바위처럼 고요히 흔들리지 않는다고 하였다. 부처와 어머니의 자비로움이 머무르는 대원사 계곡의 바위는 오늘도 세찬 물살에 흔들리지 않으면서 고고히 앉아 있다.

내원사, 풍경 소리로
마음을 씻다

대포마을 / 반야교 / 석조비로자나불좌상 / 연꽃돌

산청읍에서 내원사(內院寺)로 가는 길은 다양하다. 단성교를 지나는 길, 수산교를 건너가는 길, 밤머리재로 가는 길, 어느 길을 선택해도 내원사에 도착하기 전에 탄성이 빗발친다. 단성교를 지나 내원사로 가던 중 단성에 접어들자 길가마다 코스모스가 바람에 넘실대며 가을을 화려하게 알리고 있었다. 단성교를 지나 10여 분 달리자 덕천강이 자연스러우면서 힘차게 휘어지는 곡선미를 한껏 뽐내기 시작했다. 강줄기의 시작점으로 눈을 돌리자 큰 붓으로 정성스럽게 채색한 지리산이 펼쳐지며 꽃보다 더 화려한 단풍들의 향연이 마음을 유혹하기 시작한다.

덕산을 지나 대포마을을 붉게 물들인 감들을 보며 문득 '왜 감골이 아니라 대포마을일까?' 하는 의문이 들었다. 대포와 감은 닮은 지점이 없는 단어이다. 대포마을이 속한 삼장면사무소 홈페이지에는 "대포리(大浦里)〔한벌, 한불, 덕산동〕는 삼장면이 산청군으로 합병된 1906년 당시 면소재지였다. 지리산 무제치기폭포(치밭목) 쪽에서 흐르는 장당천과 합류하는 물이 모인 곳에 위치하였으므로 큰 불, 큰 뻘이라는 뜻으로 대포라 했다고 하는데, 옛날 마을 이름은 '부리'라 한 것으로 보아서 한불은 큰 마을의 뜻일 수도 있다"라는 지명 소개 글이 있다.

'벌'은 '넓은 들'을 뜻하고, '뻘'은 '갯바닥이나 늪바닥 같은 데 있는 거무스름하고 미끈한 흙'을 일컫는 단어인 개흙의 방언이니 그 뜻이 분명 다르다. 아마도 '벌'의 경상도식 센 발음이 구전되다가 그대로 문자화되지 않았을까 싶다. '뻘'은 나무가 뿌리를 내리기 어렵지만, 물과 '포(浦)'가 연관이 깊은 단어이니 아마도 예전의 대포마을은 강을 중심으로 발달한 넓은 들을 지닌 마을이었지 싶다. 고종시를 만드는 대포마을의 감으로 수놓인 저 붉은 터널 아래에서 벌은 꿈을 꾸고 있는지도 모른다. 마을을 온통 뒤덮고 있는 저 감나무들은 깊은 뿌리를 아래로 내려 벌의 꿈을 빨아올려 감을 키웠는지도 모른다. 온갖 생각에 잠겨 길을 가다 붉은 단풍나무가 보이면 내원사에 도착한 것이다.

내원사는 대한불교조계종 제12교구 본사인 해인사의 말사이다. 산청군 삼장면 대포리 583번지 지리산 깊은 골에 있다. 지리산 계곡에 있는 내원사는 나뭇잎 피고 지는 소리, 물 지나가는 소리, 새소리가 함께 한다. 그래서 눈보다 귀가 먼저 열리는 곳이다. 멀리서 보는 내원사는 장당골로 오르는 입구인 오른쪽 샛길 입구와 왼쪽의 다리가 이루는 삼각형 모양의 지형에 쏙 들어가 있다. 마치 내원사의 대문처럼 느껴지는 단풍나무를 따라 오른쪽 샛길로 접어들면 낙엽이 쌓인 좁은 길의 오른편으로 지리산이 언덕처럼 펼쳐진다. 입구부터 보이는 예사롭지 않은 산언덕만으로도 지리산의 영성을 가늠할 수 있다. 왼편으로는 내원마을에서부

반야교.

터 내려오는 계곡물이 하늘을 담아 푸른빛을 띠고 흐르고 있으니, 낙엽
을 밟고 샛길에서 내려다보는 계곡은 가히 무릉도원이라 할 만하다.

　계곡을 따라 조금만 가면 반야교가 나온다. 반야(般若)는 대승불교에
서 생명과 맞닿아 있는 '근원적인 지혜'를 뜻한다. 너와 나를 가르는 벽
을 초월하는 것이 지혜라고 한다면 그것은 '자비'가 아닐까 싶다. 저 다
리를 지나면 내 안의 번뇌를 잊어버리고 있는 그대로인 '나'를 만날 수
있을 것만 같다. 하지만 조금 전에 지나온 계곡과 달리 반야교의 오른
편에 펼쳐지는 계곡의 웅장함에 경도되어 쉽게 반야교를 건너지 못한
다. 사람들의 발길이 뜸한 이 고즈넉한 산사에 들어가려면 반야교를 지

나야 하는데, 입구에서 자꾸만 서성이게 된다. 초기 불교 경전인『숫타니파타』에는 부처와의 선문답이 나온다.

"사람은 무엇으로 생각의 거센 흐름을 건넙니까? 무엇으로 바다를 건너며 무엇으로 고통을 극복합니까? 그리고 무엇으로 완전히 맑고 깨끗해질 수 있습니까?" 이에 부처는 "사람은 신앙으로 거센 흐름을, 정진으로 바다를 건너며 근면으로써 고통을 극복할 수 있고 지혜로써 완전히 깨끗해질 수 있다"고 하였다. 완전히 깨끗해지게 하는 것이 지혜이기에, 부처의 교법을 담은『증일아함경(增一阿含經)』에서는 할 수 없는 일은 하지 않고, 할 수 있는 일에 온 힘을 다하는 사람을 지혜로운 사람이라 했으니 참으로 명쾌하다. 내가 할 수 있는 일에 집중할수록 막연한 두려움과 불안에서 벗어날 수 있으리라.

지리산에서 흐르는 장당 계곡 물줄기는 내원사를 돌아 반야교 아래로 흐르고, 내원마을 쪽에서 흘러 내려오는 내원골 물줄기는 절의 앞으로 흘러 입구의 붉은 단풍나무가 서 있는 큰 다리 아래에서 합류한다. 그렇게 합류한 물줄기는 하류로 흘러 여름이면 더위에 지친 사람들에게 쉼터를 만들어 줄 것이다.

내원사에 들어가려면 어느 쪽에서 가든 다리를 지나야 한다. 단풍나무 앞에 있는 큰 다리를 지나 오른쪽으로 가면 왼쪽의 반야교를 건너야 내원사에 들어설 수 있고, 단풍나무 앞의 큰 다리를 지나 내원마을 쪽으로 가면 오른쪽에 있는 다리를 건너야 내원사로 들어간다. 마치 세 개의 다리가 내원사와 속세를 연결해 주는 것 같다. 이 다리가 없다면 내원사는 산과 계곡물에 둘러싸인 비밀의 장소가 될 것이다.

바람이 불어 반야교 건너편 물가 너럭바위의 낙엽을 들추자 감춰진

내원사 들머리에 서 있는 단풍나무.

글자 명옹대(明翁臺)가 나타났다. 아마도 옛날 선비들이 이곳에서 술잔을 기울이며 자연을 감상하고 시를 주거니 받거니 하며 풍류를 즐겼을 것이다. 그런 풍류는 못 누리더라도 큰 대자로 편하게 누워 흘러가는 구름을 감상해도 좋을 듯한 바위이다. 반야교 위에서 바라보는 내원사 계곡은 반야교를 중심으로 상류와 하류가 다른 모습이다. 잔잔한 여울처럼 계곡이 산사를 돌아가는 하류가 서민들의 모습을 닮았다면, 상류는 고고한 선비의 모습을 하고 있어 쉽게 범접하기 어려운 위엄을 갖춘 계곡이다.

내원사는 원래 이름이 덕산사(德山寺)였다.[36] 신라 태종 무열왕 때 무염국사(無染國師, 801-888)가 창건하였다고 전해진다. 무염국사는 무열왕의 8대손이니 신라 최고의 귀족 출신이라 할 수 있다. 그는 의상대사(義湘大師)가 창건한 부석사의 석징에게 『화엄경』을 배우고, 821년 중국으로 유학하여 중국 마조(馬祖) 문하의 법맥을 잇고 20여 년간 중국에서 활동하였다. 그리고 귀국하여 성주산문을 열어 40여 년간 법문을 가르쳐 제자가 2,000여 명에 이르렀다고 한다. 그런데 내원사는 조선 광해군 1년(1609)에 알 수 없는 화재로 타버리고 수백 년간 방치되었다. 이후 1959년 원경(圓鏡) 스님이 불사를 일으켜 절을 짓고 절 이름도 내원사로 고쳤다. 내원은 불교 용어로 도솔천에 있던 선법당이다.

내원사는 전형적인 산사의 모습으로 웅장하지 않고 소박하기까지 한 대웅전이 마치 여염집 마당에 들어선 것과 같은 느낌을 주었다. 앞마당이 넓게 펼쳐지고 대웅전을 중심으로 오른쪽은 심우실, 삼성각, 왼쪽으

---

36) 내원사는 2021년 3월 26일자로 본래의 명칭이었던 덕산사로 변경되었다.

로는 비로전과 요사채가 있다. 내원사 마당에 서서 앞산과 뒷산을 둘러보면서 내원사에 관한 전설을 떠올렸다. 예전에는 내원사가 풍수적으로 명당 터라 찾아오는 사람이 끊이지 않아서 스님들이 수양에 매진할 수 없었다. 주지 스님이 이를 걱정하자 어느 지나가던 노승이 '남쪽의 산봉우리 밑까지 길을 내고 앞으로 흐르는 개울에 다리를 놓으면 될 것이다'라고 했다. 다음 날부터 개울에 통나무 다리를 놓고, 봉우리 밑까지 길을 내고 쉬고 있는데 돌연 고양이 울음소리가 세 번 들려왔다고 한다.

그 후 그렇게 많이 찾아오던 사람들은 점점 줄어들고 절은 조용해져 스님들이 수도에 증진할 수 있었다. 하지만 원인을 알 수 없는 불로 절이 전부 불타 버리고 말았다고 한다. 풍수적으로 해석하자면 절 앞에 있는 봉우리는 고양이 혈이고, 절 뒤에 있는 봉우리는 쥐의 혈인데 여기 길을 내고 다리를 놓으니 고양이가 쥐를 잡게 된 것이라고 한다. 그래서일까? 지금도 찾아오는 사람이 적고 조용한 절이다.

내원사 경내에는 물소리와 바람 소리만 있었다. 문득 어디선가 까치 소리가 들렸다. 대웅전 뒤편 큰 산에서 까치가 "꺆꺆" 하고 울면 다리 건너 먼 산에서 "꺆꺆꺆" 하는 소리를 보내 왔다. 까치 두 마리는 한참을 두 음절과 세 음절로 지저귀더니 네 음절의 소리를 내고는 사라졌다. 어디로 갔을까 바라보는 하늘가로 풍경 소리가 울려 퍼졌다. 바람에 응답하는 풍경 소리는 까치 소리를 닮아 있었다. 풍경 소리가 내려앉은 곳에는 작은 동자승의 뒷모습이 보였다. 돌로 만들어진 동자승은 크고 작은 바위에 각각 앉아서 내원사의 적막과 놀고 있었다. 동자승이 앉은 바위 주변에는 악귀와 뱀을 쫓는다는 금잔화가 피어 있고, 산 그림자가 동자승의 등으로 내려앉고 있었다.

건물들의 규모가 크진 않지만 여기서 반드시 눈여겨봐야 될 보물은 통일신라 시대에 건립된 내원사 삼층석탑과 석남암사지 석조비로자나불좌상이다. 보통 석탑은 대웅전 앞에 자리한다. 하지만 내원사 삼층석탑은 대웅전 왼쪽에 있다. 동조 주지스님에 의하면, 화재로 소실된 대웅전을 건립하는 과정에서 대웅전 지을 자리가 여의치 않다 보니 지금처럼 대웅전 옆을 지키는 석탑이 탄생했다. 내원사 삼층석탑은 1992년 1월 15일 보물 제1113호로 지정되었다. 검붉은색의 이 석탑은 2중의 기단 위에 3층의 탑신을 세운 통일신라 시대 탑의 전형적인 모습이다.

　탑신부는 집채〔옥신(屋身)〕와 지붕〔옥개(屋蓋)〕을 각각 한 돌로 만들었고 각층 집채에는 좌우에 모서리 기둥이 새겨져 있다. 지붕돌 받침은 4단이고 윗면에 2단의 굄을 두고 있다. 맨 위의 지붕돌이 많이 부서졌으며, 상륜부는 남아 있지 않다. 3층으로 된 지붕돌은 평평한 느낌이지만, 모서리를 살짝 올렸다. 4단으로 된 지붕돌 받침과 전체적으로 길쭉해진 모습은 이 탑을 세웠던 때가 통일신라의 늦은 시기임을 짐작하게 한다. 그러나 여러 장의 돌을 짜 맞춘 기단은 이른 시기의 전통을 잇고 있는 것으로 통일신라 시대 석탑의 변화를 살필 수 있는 귀중한 자료로 평가받고 있다. 삼층석탑은 굴곡진 세월 속에 도굴로 훼손이 된 것을 다시 복원한 것이었다. 그런 탓인지 비록 상처는 입었지만 마치 여전히 강인한 어깨를 가진 장군처럼 보였다.

　삼층석탑을 한참 바라보다 비로전으로 올라갔다. 문을 열자 석남암사지 석조비로자나불좌상의 강한 기운이 느껴졌다. 그 옛날 어떤 석공이 이 단단한 화강암에 비로자나불좌상을 새겼을까 궁금했다. 비로자나불은 진리를 상징하는 법신불(法身佛)이다. "비로자나는 'Virocana'의

———

내원사 석조비로자나불좌상.

음역으로 빛, 광명(光明), 적광(寂光) 등으로 풀이할 수 있으므로 곧 비로자나불은 광명불 또는 적광불이다."[37] 진리를 깨치면 새로운 세상의 빛을 볼 수 있으니 광명불이라 할 수 있겠다.

이 불상은 원래 삼장면 산봉우리 바위 위 절터(석남암사지)에 흩어져 있던 것을 내원사로 이전하였다. 신라 혜공왕 즉위 6년인 776년에 제작된 우리나라에서 가장 오래된 지권인(智拳印) 비로자나불상이다. 지권인은 가슴 앞에 세운 왼손 검지 첫 마디를 오른손으로 감싸 쥔 손 모양

---

37)   비로자나불상, 한국민족문화대백과. http://encykorea.aks.ac.kr

으로 중생과 부처, 미혹함과 깨달음이 원래 하나임을 뜻한다. 이 불상은 제작연대를 밝힐 수 있는 자료가 부족한 고대 조각사 연구에 기준이 될 만큼 중요한 가치를 지닌다. 따라서 1990년 3월 2일 보물 제1021호로 지정하였다가 2016년 1월 7일 국보 제233-1호로 승격시켰다. 즉 학계에서는 앞서 지권인을 취하는 비로자나불 형식이 우리나라에 전래된 시기를 9세기 중엽으로 봤으나, 이 불상의 발견으로 이미 8세기 중엽에 도입되었음을 알 수 있게 됐다.

이 불상이 국보로 승격 지정된 배경에 대해서는 다음 신문 기사에서 상세히 알 수 있다. 2016년 3월 23일자《조세일보》에 "문화재청 관계자는 일부 훼손된 부분이 있지만 전체적으로 불두와 불신 비례가 적절하고 조각 수준이 높아 조형적으로 우수하다며 불상 대좌 가운데 받침돌 안에서 발견된 납석사리호(蠟石舍利壺·곱돌로 만든 항아리)가 지난 1986년 국보 제233호로 지정된 만큼 이를 봉안한 석불은 그 이상 가치를 지닌다고 국보로 승격 지정한 이유를 밝혔다"는 내용이다.

비로자나불좌상은 '진리란 무엇이냐'라고 묻는 듯했다. 비로전을 나오니 까치가 떠난 자리에는 풍경 소리가 조용히 울리고 있었다. 정호승 시인의 동화『연인』에서 운주사 대웅전 서쪽 처마 끝 풍경에 달린 물고기가 진정한 사랑의 풍경 소리를 찾아 날아다니는 물고기가 되어 세상을 떠돌아다닌다면, 내원사 풍경은 하늘을 헤엄치는 물고기였다. 내원사의 계곡물은 하늘빛을 담고, 내원사 풍경의 물고기는 하늘을 헤엄치니, 내원사가 지리산 어딘가에 있는 빨치산의 슬픔을 머금은 내원마을을 지켜주는 또 다른 법어인가 싶었다.

내원사를 둘러보고 나오는 길에 짙은 회색의 동그란 돌을 만날 수 있는데, 어찌 보면 웃는 얼굴 같기도 하고 달리 보면 공룡 알 같기도 하다. 그러나 사실 이 돌은 연꽃을 닮았다 하여 연꽃돌이라고 불린다. 손으로 접촉하면 자신의 몸에 나쁜 기가 없어지고 마음으로 접촉하면 소망하는 일이 이루어지고, 마음을 하나로 모아 여기에 집중하면 하늘과 땅과 사람이 한 뿌리요, 만물이 한 몸임을 느낄 수 있다고 안내표지에 적혀 있다. 그냥 지나칠 수 없어 양손을 대고 눈을 감고 정신을 모으니 바람과 물소리가 선명하게 들린다. 돌의 기운에 양손은 차가워지고 마음은 차분해졌다. 지리산 계곡물 속에서 자신을 스쳐 흐르는 물을 미련 없이 떠나보냈던 이 돌이 내 안의 잡티도 씻어 줄 듯하다.

연꽃을 닮은 내원사 연꽃돌.

———

* 인터뷰에 응해 주신 동조 주지스님께 감사드린다.

단속사지, 잊힌 사찰 위를 걷다

광제암문 / 당간지주 / 삼층석탑 / 정당매

하늘은 잔뜩 흐리고 비는 부슬부슬 내리는 날, 지금은 자취가 사라진 단속사지(斷俗寺址)로 향했다. 먼저 단성면 청계리에 있는 계곡 옆 큰 바위를 찾았다. 깎아지른 듯이 크고 높은 바위에는 이끼가 끼어 있어 분위기가 예사롭지 않은데, "廣濟嵒門(광제암문)"이라는 글이 새겨져 있다. 이 글은 고운(孤雲) 최치원(崔致遠, 857-미상)의 글씨라고 알려져 있다. 하지만 바위에 적혀 있는 바에 의하면 통화 13년 을미(995)에 승려 혜□이 쓰고 승려 효선이 새긴 것으로 되어 있으나, 글자의 마모가 심해 명확하게 보이지 않는다. 또 광제암문 네 글자를 둘러싸고 있는 작은 글귀 중에는 거란에서 사용한 '통화(統和)'라는 연호도 보인다. 그 어느 것 하나 선명하게 확인된 게 없으니 단속사의 시간 단절이 야속하기만 하다.

광제암문을 직역하면 '광제로 들어가는 문'이고, 의역하면 '많은 사람

광제암문.

을 도와 이롭게 한다거나, 넓게 깨달음을 얻게 한다'는 뜻이다. 여러 가
지의 뜻이 있으나 모두 부처님의 세상에 들어가는 입구라는 뜻이니 이
바위가 단속사로 들어가는 첫 입구인 셈이다. 그 예전에 단속사는 밥을
지으려고 쌀을 씻으면 쌀뜨물이 10리를 거쳐서 내려갈 정도로 거처하던
스님이 200명에 이르던 큰 절이었다. 1489년(성종20) 음력 4월 14일부
터 4월 28일까지 보름 동안 탁영(濯纓) 김일손(金馹孫, 1464-1498)이 일
두(一蠹) 정여창(鄭汝昌, 1450-1504) 등과 함께 천왕봉을 오르고 쓴 『탁
영집(濯纓集)』 권5 「두류기행록」에도 광제암문과 단속사에 대한 이야기
가 나온다.

"단성에서 서쪽으로 15리를 가서 꼬불꼬불한 길을 지나니, 넓은 들판이 나왔다. 맑고 시원한 냇물이 벌판 서쪽으로 흘러들었다. 암벽을 따라 북쪽으로 3-4리를 가니 계곡의 입구가 있었다. 계곡에 들어서니 바위를 깎은 면에 '廣濟嵒門'이란 네 글자가 새겨져 있었다. 글자의 획이 힘차고 예스러웠다. 세상에서는 최고운(崔孤雲)의 친필이라고 전한다. 5리쯤 가자 대나무 울타리를 한 띠집과 피어오르는 연기와 뽕나무밭이 보였다. 시내 하나를 건너 1리를 가니 감나무가 겹겹이 둘러있고, 산에는 모두 밤나무뿐이었다. 장경판각(藏經板閣)이 있는데 높다란 담장으로 빙 둘러져 있었다. 담장에서 서쪽으로 백 보를 올라가니 숲속에 절이 있고, '智異山斷俗寺'(지리산단속사)란 현판이 붙어 있었다. 절간이 황폐하여 승려가 거처하지 않는 방이 수백 칸이나 되었다. 동쪽 행랑에는 석불 500구가 있는데, 하나하나 둘러보니 그 모양이 각기 달라 그 기이함을 이루 형용할 수 없었다."

탁영과 일두가 단속사를 들를 당시에는 번성기의 모습은 아니었지만 그 절의 규모가 거대했다는 것을 알 수 있다. 『삼국사기』는 763년(경덕왕 22) 이순이 지은 것으로 기록하고 있으나 『삼국유사』에는 748년(경덕왕 7) 이준 또는 이순이 조연소사(槽淵小寺)를 크게 고쳐 단속사를 지었다는 얘기와 763년(경덕왕 22) 신충이 두 벗과 함께 단속사를 세우고 임금의 진영(眞影)을 모셨다는 얘기를 함께 전한다. 『신증동국여지승람』 「진주목」에는 들머리에 신라 말 고운 최치원이 쓴 '광제암문(廣濟巖門)'이라 새긴 바위와 최치원의 독서당(讀書堂)이 있고 고려 말 강회백이 손수 심은 정당매(政堂梅)가 있다고 적었다.

또한 단속사에는 지금껏 가려진 사연이 있는데, 몽골 침략에 맞서 만들어진 『고려대장경(高麗大藏經)』과 관련하여 당시 단속사가 했던 역할이다. 최충헌에 이어 최우가 집권(1219-1249)하면서 아들 만종(萬宗)을 단속사 주지로 삼았다. 단속사가 포함된 진양군 일대는 최우의 식읍(食邑)이었다. 이런 배경에서 당시 고려 민중들의 원력까지 모아 냈던 『고려대장경』이 단속사에서 판각되었던 것이다.

김일손은 「속두류록」(1489)에서 합천 해인사 장경판전과 같은 장경판각(藏經板閣)이 단속사에 있다고 적었다. 『세종실록』 「지리지」에는 단속사에 '이상국집판(李相國集板)'이 보관돼 있다고 했다. 고려 문신인 이규보(李奎報, 1168-1241)의 문집 『동국이상국집(東國李相國集)』을 찍는 목판인데, 손자 이익배는 발미(跋尾)에서 "신해년(1251) 고려국 분사대장도감이 대장경(大藏經) 판각을 마치고 칙명(勅命)을 받들어 할아버지 문집을 판각했다"고 했다. 대장도감(大藏都監)은 1232년 몽골 침략으로 앞서 처음 새긴 대장경이 불타 버리자 1236년 대장경을 다시 새기려고 설치한 관청이고 분사대장도감은 대장도감의 하부 기관쯤 된다.[38]

그런데 이렇게 웅장한 규모와 깊은 역사를 자랑하던 단속사는 이제 그 터만 남았다. 탑동마을에는 삼층석탑과 당간지주만 남아 이곳이 단속사지였음을 말해 주는데, 융성했을 옛날을 생각하니 여러 가지 감정이 교차한다. 오랜 세월 절의 역사가 잊히는 동안 당간지주 역시 방치되었고, 그 세월 동안 네 토막으로 쪼개져 뒹굴던 것을 1984년과 1996년에 원래의 형태로 붙여서 복원했다는데, 이어붙인 선이 선명하게 보인다.

---

38) 김훤주, 「경남 문화유산 숨은 매력 (6) 산청군」, 《경남도민일보》, 2014년 7월 23일.

당간지주는 통일신라 시대부터 사찰 앞에 설치했던 깃대를 고정시키는 기둥으로 그 주변 지역이 신성한 영역임을 표시하는 역할을 했다. 설법이나 법회 중임을 표시하기 위해 사찰 앞에 세우는 깃대를 당간이라 하고 그 당간을 지탱하기 위해 세운 두 개의 돌이나 쇠로 된 버팀대가 당간지주(幢竿支柱)이다. 참고로 괘불을 걸던 장대를 지탱해 주는 기둥은 괘불지주 또는 괘불대라고 하여 당간지주와는 구분된다. 단속사지 당간지주의 전체 높이는 3.73미터이고 두 기둥의 간격은 50센티미터로, 위에서 아래로 내려오면서 점차 넓어지는 형태를 취하고 있다. 기둥에 세 개의 사이구멍(간공)이 있는 통일신라 시대 양식으로 첫 번째와 세 번째 구멍은 사각형이고 가운데 두 번째 구멍은 원형이다. 2018년 8월 9일 경상남도 유형문화재 제636호로 지정되어 관리되고 있다.

북쪽으로 100여 미터 오르면 삼층석탑 두 기가 있다. 단속사는 이제 이 두 기의 석탑만이 절의 역사를 보여 주고 있다. 그나마 원형이 잘 보존된 동삼층석탑은 보물 제72호로 이중기단에 삼층의 탑신을 올린 전형적인 신라 석탑이다. 합천박물관 조원영 관장에 의하면 이 탑의 특징은 외곽을 두른 토단이 지대석과 약간의 거리를 두고 있다는 점이다. 이는 탑구(塔區)라기보다는 탑의 공간과 외부 공간을 구분 지으려는 의도로 보인다고 했다. 또 하나의 특징은 상하층 기단 갑석의 기울기가 9세기 석탑에 비해 거의 없다는 거였다. 특이한 점은 옥개석 상단 받침 1단이 옥개받침 5단의 신라 석탑에서는 거의 없는 형식이라는 것이다.

단속사지 서삼층석탑은 보물 제73호로, 동탑에 비해 기단부의 훼손 상태가 심하고 상륜부 부재도 잃어버린 것이 많다. 상하층 갑석은 기울기가 거의 없다. 동탑과 기단부 외곽 토단 구성이나 기단 탱주 숫자

———

단속사지의 당간지주.

가 2 대 1로 구성되는 등 전체 외관은 유사하다. 하지만 하층기단 갑석과 상층기단 면석의 숫자가 다르고 옥개석 상면 굄이 2단인 점이 특이하다. 1967년 해체 보수 때 서탑 일층 몸돌의 윗부분에서 부처님의 사리를 모시는 사리함을 넣는 둥근 모양의 사리공이 확인되었다. 통일신라 시대에 지어진 절로서 부처님의 사리를 모셨으니 단속사는 당시 절의 규모에 맞게 큰 힘을 가졌을 것으로 보였다.

하지만 그 웅장했던 절은 조선 후기에 폐사가 되어 지금은 터만 남았다. 단속사는 왜 사람들에게 잊힌 절이 되었을까? 단속사가 어떻게 폐사가 되었는지 전해지는 이야기가 있다.

원래 단속사의 이름은 금계사였다. 절의 크기가 얼마나 컸으면 절을 찾는 이들이 단속사 입구인 광제암문에서 새로 짚신을 갈아 신고 절을 한 바퀴 돌아 나오면 그 사이에 신이 다 닳아버렸다. 이와 같이 절의 규모가 크고 늘 사람이 찾아와 스님들이 도저히 공부를 할 수가 없을 지경이었다. 궁여지책으로 절 이름을 단속사로 바꾸었다. 세속과의 모든 인연을 끊는다는 의미인데 이름을 바꾸자 정말로 사람들의 발길이 끊어지고 말았다.[39]

그런데 정말 절 이름을 단속사로 지었기 때문에 폐사가 되었던 것일까? 박용국이 쓴 『지리산 단속사 그 끊지 못한 천 년의 이야기』와 2017년 10월 31일자 《한국농어민신문》에 의하면, 1568년 서산대사가 '유불도(儒佛道)'가 이루려 하는 것은 다르지 않다라는 취지로 불교(선가귀감), 도교(도가귀감), 유교(유가귀감)의 좋은 내용들을 정리하여 합

---

39) 이상구 · 박찬모 · 김진욱 · 박길희, 『지리산권 불교설화』(심미안, 2009), 141-142쪽.

단속사지의 삼층석탑의 후면, 크게 보이는 앞의 탑이 서탑, 작게 보이는 뒤의 탑이 동탑이다.

본한 「삼가귀감」 목판이 단속사에 있었다. 그런데 안타깝고 황당한 일이 벌어졌다. 당시 향시에 선발된 진주 인근의 유생이었던 성여신과 그 일행이 목판을 부수고, 오백나한과 사천왕상 모습이 괴기하다며 불을 질렀던 것이다. 성여신은 「삼가귀감」이 유가의 글을 맨 마지막에 두었기에 그러했다는 것이다. 신라 시대 전설의 화가 솔거가 그린 유마상도 그때 함께 소실되었다.

단속사지 삼층석탑을 지나면 정당매가 있다. 정당매 옆 작은 집에서 산다는 노인은 어렸을 때 마을에서 축대를 쌓거나 담을 보수할 때 평평하고 큰 돌들을 사용했는데, 그게 단속사에서 나온 돌이었다고 웃으며 말했다. 당간지주도 부러진 채로 화단의 경계석으로 사용하다 갑자기

———

단속사지 정당매.

———

단속사지 정당매각.

문화재라고 해서 놀랐다는 말도 덧붙였다. 단속사 복원 공사가 시작되어 오랫동안 살던 집을 떠나야 한다는 말을 남긴 채 돌아서는 노인의 뒷모습 사이로 단속사 발굴에서 나온 흙을 모아놓은 무더기들이 보였다.

650년 동안 이야기를 품고 있는 매화는 고려말 정당문학이란 벼슬을 지낸 통정공 강회백(姜淮伯, 1357-1402)이 이제는 터만 남은 단속사에서 공부할 때 심어서 정당매(政黨梅)로 불리지만, 통정공이 심은 그 매화는 통정공 사후 100여 년이 지났을 때 이미 죽어 등걸만 남았다고 김일손이『탁영집』에 기록했다. 하지만 그 이후 밑둥치에서 뻗어 나온 한 가지가 꽃을 피웠고 그 가지에서 채취한 접순으로 후계목을 키워 고사목 밑둥치에 심어 자란 것이 오늘의 정당매이다. 원래의 정당매는 시멘트 화석이 되어 있고 그 주변을 사방으로 가지를 뻗어 꽃을 피운 모습에서 현재 속의 과거를 보는 것만 같다.

정당매 옆에는 정당매각(政堂梅閣)이라는 현판이 걸린 작은 집이 있다. 비각안 두 개의 돌기둥에는 매각(梅閣)을 세운 연유를 기록한 정당매각기와 매화원운의 시와 후손들의 시가 걸려있다. 특히 강회백은 생을 마치기 전에 자신이 젊은 날 심은 정당매를 찾아와 시를 남길 만큼 이 매화를 사랑했다.

단속사지를 나오는 길에는 남명의 시비가 있다. 이 시는 남명이 한양으로 승과시험을 보러 가는 사명대사에게 부패한 나라의 관리가 되는 것을 말리며 쓴 것으로 알려져 있다. 시를 읽으면 두 사람이 유학자와 스님이라는 신분상의 제약을 뛰어넘어 인간적인 교류를 했음이 짐작된다. 특히 단속사가 이런 두 사람의 교류에 중요한 공간이 되었을 것이다. 당시의 사찰은 단순한 불법 전파의 공간만이 아니라 유생의 과거

공부 장소이자 만남의 장소이기도 했다.

贈山人惟政	유정산인에게 준다
花落槽淵石	꽃은 조연(槽淵)의 돌에 떨어지고
春心古寺臺	옛 단속사 축대엔 봄이 깊었구나
別時勤記取	이별하던 때 잘 기억해 두게나
靑子政堂梅	정당매 푸른 열매 맺었을 때

단속사의 물질적·정신적 원형이 잘 복원되어 참 수행의 공간이자 문화·예술이 재창조되는 터전이 되길 바란다. 다행히 지금이라도 복원을 시도한다니 반가운 마음이 들었다. 문헌에 남은 자료만으로는 도저히 감이 잡히지 않는 최초의 선종 사찰인 단속사가 얼마만큼 그 모습을 드러낼지, 생각만으로도 가슴이 두근거렸다.

율곡사, 보다 낮은 곳으로 임하다

대웅전 / 괘불탱 / 목조아미타삼존불좌상 / 감나무

겨울 끝자락에 살을 에는 바람이 불어 저절로 옷깃이 여며졌다. 다행히 율곡사(栗谷寺)로 가는 나그네를 위로라도 하듯 머리 위로는 햇살이 내려앉았다. 율곡사는 산청군 신등면 율현리 1034번지에 있다. 대전-통영 고속도로에서 단성IC, 또는 3번 국도 원지 갈림길에서 동북 방향 신등면으로 들어서면 된다. 4월이나 5월에 온다면 산청군 차황면의 황매산 철쭉을 보고 내려와도 좋다. 율곡사는 해발 841미터로 물이 깨끗하다는 뜻의 정수산 중턱에 위치한다. 이 사찰의 역사는 까마득히 멀리 신라 진덕여왕 때까지 거슬러 올라가, 651년 원효대사(元曉大師)가 창건했다. 이후 신라 경순왕 4년(930년)에 감악조사(紺岳祖師)가 중창했다고 하는데 고려와 조선 시대의 역사는 사적(史蹟)이 전해지지 않고 있다.

율곡사는 밤나무 아래에서 태어나 밤나무와 인연이 깊은 원효가 창건한 곳이자 밤나무가 많아 이름도 '밤 율(栗)' 자를 쓴다. 밤나무 숲속에 숨어 있는 산사(山寺), 작아서 큰 절의 암자 같은 곳이다. 비록 규모는 작지만 신도들 사이에서 율곡사는 '가진 것이 없지만 다 가진 절'이라는 이야기가 있다. 이는 겉으로 보기에는 작아 보이지만 보면 볼수록 부처의 마음이 잘 담긴 절이라는 의미일 것이다. 실제로 보물 제374호 대웅전, 보물 제1316호인 괘불탱, 경상남도 유형문화재 제373호 목조아미타삼존불좌상 등이 있는 역사적인 절이다.

절의 첫 얼굴은 일주문으로, 일직선상의 두 기둥 위에 지붕을 얹는, 일반 가옥 형태와는 다른 독특한 양식이다. 일주문은 사찰의 안과 밖을 구분하기 위한 표시로 안쪽은 부처님의 세상이니 절 밖의 사람들이 예의를 갖춰 들어서라는 표시라고도 할 수 있다. 일주문 앞에서 경건한 마음으로 합장을 하는 이유는 여기에 있다 하겠다. 하지만 율곡사는 일주문이 없다. 율곡사 주지 원담(元潭) 스님은 율곡사 창건 당시에는 일주문이 있었을텐데, 여러 역사의 굴곡 속에 일주문이 훼손되었고 일주문을 복원해 보려고 하였으나 관련된 자료가 남아 있지 않아 현재 일주문이 없다고 한다. 하지만 율곡사 진입로에 우람하게 서 있는 밤나무가 계절이 바뀔 때마다 때론 밤꽃 향기로 때론 잘 여문 밤송이들로 일주문 역할을 하는 게 아닐까.

율곡사 입구에는 돌계단이 꽤 높게 서 있어 어떤 의미에서는 밤나무에 이은 또 하나의 일주문 같은 공간이다. 돌계단은 '이제부터 부처님의 성스러운 곳에 들어서게 되니 한 계단 한 계단 정진하는 마음으로 오르시오' 하는 것 같다. 율곡사는 석가모니 불상 대신 목조아미타삼존불좌상을 모시고 있는 곳임에도 대웅전이라는 현판이 걸려 있어 불교

율곡사 돌계단.

에 관심이 있는 분들에게는 조금 의아한 느낌이 들게 한다. 대웅전 앞
마당에는 일명 관음보탑(觀音寶塔)이라고 하는 5층 석탑이 있다. 이중
기단 위에 5층 탑을 쌓았는데 소박하고 강직해 보이지만 현재 5층 석탑
에 대한 자료가 없어 아쉽다. 대웅전 앞에는 또한 고려 시대 유물로 추
정되는 돌로 된 괘불대와 종탑이 있다. 수많은 비바람을 맞고 견디며
지금도 대웅전을 지키고 있다.

　대웅전의 팔작지붕은 금방이라도 하늘을 날듯이 단아하다. 푸른색
의 대웅전 단청은 우아하면서도 청아한 느낌을 주며, 바라보는 것만으
로도 마음이 평온해진다. 푸른 대웅전 단청과 함께 푸른색 꽃살문에서

팔작지붕의 율곡사 대웅전.

대웅전의 푸른빛 문살.

눈을 떼기가 쉽지 않다. 1679년에 대대적으로 중수된 대웅전은 조선 전기와 중기의 양식적 특징을 간직하고 있다. 1879년에도 한 차례 중수된 건물은 정면 세 칸, 측면 세 칸인 다포계의 단층 팔작지붕 건물로, 높은 장대석 기단 위에 활주를 받친 단아한 모습으로 세워져 있다. 전체적으로 보아 조선 중기의 전통을 유지하면서 후기적인 기법을 첨가한 우수한 건물로 평가받고 있다. 그래서 사찰 건물을 공부하는 사람들 사이에 율곡사의 대웅전은 꼭 보아야 하는 곳이라고도 한다. 대웅전은 1963년 1월 21일 보물 제374호로 지정되었다.

율곡사는 대웅전과 함께 두 개의 귀한 유물을 품고 있다. 하나는 2001년에 보물 제1316호로 지정된 괘불탱으로 가로 475센티미터, 세로 827센티미터나 되는 워낙 큰 그림이라 법회 시에는 크레인을 이용해 펼쳐 보인다. 이 그림은 조선 숙종 때인 1684년에 화원 법림과 숙련, 자명 등 세 명이 보살형의 인물 한 분을 단독으로 그렸다. 중앙에는 화려한 보관을 쓰고 두 손으로 꽃가지를 받쳐 든 존상이 발을 약간 벌리고 정면을 향하여 서 있다. 그 주변에는 20여 송이의 모란꽃이 흩날리고 있다. 본존은 녹색의 두광을 지니고 있고 머리에는 화불 다섯 구가 그려진 보관을 쓰고 있다. 특이하게 다른 괘불탱과 달리 아랫부분에는 왕과 왕비, 세자의 안녕을 기원하는 글이 있다.

산청에는 하지가 지나도록 비가 안 와 모를 심지 못하면 사찰에서 괘불을 걸어 놓고 천수바라춤과 나비춤을 추며 비가 오기를 기원했다는 이야기가 전해 온다. 생명줄과 같은 한해 농사가 부디 잘 되기를 바라는 민초들의 간절한 마음과 그 애틋함을 어루만지며 중생의 고난을 함께 지는 불교의 마음이 전해지는 이야기이다.

이 괘불탱은 평소에는 잘 말아서 창고에 보관하기 때문에 쉽게 구경하기가 어렵다. 가장 최근에는 2016년 법회에서 괘불탱을 공개하고, 산속 음악회도 열었다. 전문가들의 손길을 거쳐 괘불탱은 400여 년간 훼손되지 않고 보존되고 있다. 대웅전 목조아미타삼존불좌상 뒤편에 있는 작은 액자에 괘불탱을 옮겨놓은 그림이 있어 평소에는 이를 통해 실제 괘불탱을 상상할 수 있다.

또 다른 유물은 17세기 전반기에 조성된 것으로 추정되며 대웅전 주존불로 봉안되어 있는 목조아미타삼존불좌상(木造阿彌陀三尊佛坐像)으로 경상남도 유형문화재 제373호다. 삼존불은 1미터 이상의 비교적 큰 크기이며 고개를 살짝 숙인 결가부좌상이다. 본존인 아미타여래상을 중심으로 왼쪽은 관음보살상, 오른쪽에는 대세지보살상이 자리하고 있다. 네모반듯한 얼굴형이나 수평식 군의, 속에 편삼을 입은 옷 착용법은 17세기의 특징을 보여주고 있는데, 불상의 손은 따로 제작한 것으로 전해진다. 아미타여래상의 손모양은 첫 번째 손가락과 세 번째 손가락을 맞대고 있는 하품중생인이다. 한국민족문화대백과에 따르면 하품중생은 극락왕생하는 이의 아홉 등급 중 하나인데, 오계와 팔계를 어긴 범부가 죽을 때 아미타불의 공덕을 듣고 억겁의 시간에 윤회할 죄를 덜어 정토의 연못에 있는 연꽃에서 6겁을 지낸 뒤 법문을 듣고서 발심하는 세계라고 한다. 비록 사는 동안 여러 악행을 저지른 중생이지만 그 죄를 씻어주어 극락왕생으로 이끌고 싶은, 보다 낮은 곳으로 임하는 아미타여래의 마음이 담겨 있다.

아미타여래, 아미타불, 무량수불, 무량광불은 모두 같은 이름이다. 아미타여래란 인도 산스크리스트어 아미타유스(Amita yus)의 '무한한 수명을 가진 이'라는 뜻과 아미티브하(Amit bha)로 '무한한 광명을 가진 이'라는 뜻이라고 한다. 이 아미타여래는 불경 속 또는 관념 속의 불(佛)이라고 할 수 있으며 극락정토에 있다. 불교에서 극락은 서쪽에 있다고 여겨 아미타여래상은 서쪽에 위치하며 동쪽을 향한다.[40] 좌상이 모셔져 있는 대웅전은 안쪽 천장을 우물 정(井) 자 모양의 우물천장으로 만들어 천장 속을 가리고 있고 불단 위쪽으로 지붕 모형의 닫집을 만들어 놓았다. 강렬한 붉은색의 닫집 안에는 푸른 용이 아미타여래를 수호하기 위해 위엄을 과시하고 있다. 대웅전과 관련한 전설은 산청군청 홈페이지에 상세히 기술되어 있어 그 내용을 옮겨보면 다음과 같다.

율곡사 오른쪽 산봉우리 밑에 수십 길이나 되는 암벽이 있는데 그 이름이 새신바위이다. 원효대사가 절터를 잡을 때 이 바위에 올라서 바라보고 터를 정했다는 곳이다. 절이 완공될 무렵 법당에 단청을 하였는데 이레 동안 절대로 법당 안을 들여다보지 말 것을 일러놓고 화공이 법당으로 들어갔다. 아무런 인기척이 없어서 궁금히 여긴 상좌승이 이레째 되던 날 몰래 문틈으로 법당 안을 보았더니 새 한 마리가 붓을 물고 날아서 벽화를 그리다가 그만 붓을 떨어뜨리고 날아서 나가 버렸다. 그 새가 날아가서 앉은 바위를 새신바위라 불렀다. 지금도 법당의 천장 밑 좌우 벽면에 산수화 그림 두 점씩이 남아있는데 미완성으로 알려져 있다.

---

40) 박종두, 『절, 그 속 그냥 지나칠 수 없는 우리 문화재들』(생각나눔, 2011), 120-121쪽 참고.

─

율곡사 대웅전 뜰에 있는 관음보탑과 감나무.

율곡사 대웅전에는 또 다른 전설이 있다. 이 전설은 일각에 율곡사가
목침절로 불리게 된 연유이기도 하다.

율곡사 대웅전 법당을 다시 지을 적에 어떤 목공이 찾아와서 절을 짓겠
다고 자청했다. 그래서 일을 맡겼더니 석 달이 되도록 목침(木枕)만 만
들고 있었다. 보다 못해 답답한 상좌승이 목침 하나를 숨겨놓았더니 목
침을 다 만든 목공이 목침을 헤아려보고는 아무 말도 없이 연장을 챙겨
서 공사를 중단하고 가겠다는 것이다. 당황한 상좌승이 "왜 그러느냐?"
말렸더니 "내가 정성이 이렇게 모자라서야 어떻게 절을 짓겠는가?"라는
것이었다. 상좌승이 자초지종을 이야기하고 숨겨둔 목침을 가져와서 사

죄하였더니 그때야 목침을 조립하는데 일이 빨리 진행되어 대웅전을 완공하였다고 한다.

옛이야기 속 목공이 정성을 다해 지은 대웅전의 왼편에 있는 삼성각(三聖閣)은 정면 세 칸, 측면 두 칸에 겹처마로 맞배지붕을 올린 단층건물이다. 안에는 산신탱화와 독성탱화, 칠성탱화가 있다. 우리나라의 토속신으로 불교에 귀의했다고 하는 산신령과 홀로 남인도의 천태산에서 도를 깨친 나반존자인 독성, 북두칠성을 신격화한 칠성신을 한 곳에 모신 곳이다. 삼성각 앞 정자에 앉아 율곡사 뜰을 내려다보면 정수산 그늘과 함께 고요가 내려앉는 모습을 볼 수 있다.

삼성각에서 내려와 대웅전을 향해 합장하고 돌아서면 율곡사 앞마당에는 관음보탑과 함께 몇 백 년은 버틴 듯한 감나무가 서 있다. 절과 감나무가 자연스럽다. 감꽃이 피면 피는 대로 감들이 열리면 열리는 대로 까치밥으로 남으면 남은 대로 그 자체로 아름다울 것이다. 율곡사 원담 스님이 감나무는 중요한 양식으로 오래전에 심었는데 늦가을이면 감들을 잘 깎아 현당 처마에 달아 둔다고 알려준다. 원담 스님은 이 오래된 감나무와 여러 계절을 지내며 벗이 되어, 2018년에 펴낸 시집에서 이 오래된 감나무를 「황금 경전」이라는 시에 담았다.

율곡사 감나무는
다리가 아프다
한세월 이렇게 살아내는 것도
공덕이 되는지

대웅전 앞에 서서

독경 소리 듣다가

어느새

공양을 올리는 나이가 되어

제 안에 황금색 홍시들을 주렁주렁

경전이 되어 마지를 올린다

* 인터뷰에 응해 주신 원담 주지스님께 감사드린다.

산청에서 어떻게 살아야 할지를 고민하고 있을 때 지역학연구회를
만났다. 회원들과 함께 산청에 대해 공부하면서 산청은 치유의 공간임
을 알게 되었다. 산청 곳곳에 있는 유서 깊은 사찰에 찾아가고 문화와
예술을 배우고 역사를 알게 되면서 산청을 사랑하는 마음도 조금씩 자
랐다. 길다면 길고 짧다면 짧은 시간 속에서 맺어진 '건강한 만남의 인
연'을 이 책으로 마무리하게 되어 고맙다. 함께해 온 회원들에게 고마
운 마음을 전한다.

—김명숙(인문도시지원사업 산청지역학연구회)

평생을 이 지역에 살면서도 지역에 대한 지리, 문화, 역사 등에 대한
학문적 접근을 해본 적이 없었던 나에게 회원들과 함께한 3여 년의 시
간은 아름다운 추억이 될 것 같다. 지역에 대한 학술적 연구 결과가 있
었다면, 어떤 기준이나 수준을 알 수 있을 텐데 3년여의 경험만으로 이
루어진 결과물을 남에게 내어 보인다는 것이 무척이나 조심스럽고 어
색한 느낌이다. '어떻게 하면 글쓴이의 마음을 잘 표현할 수 있을까?
글의 내용에 맞는 사진은 어떤 것일까?' 고민하며 회원의 뜻에 맞는 사

진을 남기려고 같은 곳을 몇 번씩 찾기도 했다. 개인적으로도 우리 지역에 대해 공부를 많이 한 의미 있는 시간이었다.

—김병직(인문도시지원사업 산청지역학연구회)

산청을 사랑하는 마음으로 함께한 시간의 문을 이 책으로 닫는다. 어렵고 힘든 과정을 완주하는 회원들께 감사와 존경을 마음에 담아 드린다. 이제 산청은 나에게 또 다른 고향이 되었다. 산청은 알면 알수록 알아야 할 것이 많아지는 이상한 공간이다. 치열한 삶의 시간들을 견디며 산청을 지켜온 산청 사람들에게 경의를 표하며, 선인들이 남긴 산청의 정신문화가 널리 퍼지기를 바란다. 산청에 대해 아는 것이 없었던 나와 함께하며 지역학연구회에 정성을 쏟아주신 소중한 인연들을 늘 가슴에 품고 살겠다.

—김성리(인제대학교 산청군 인문도시지원사업단장)

인문도시지원사업으로 인해 산청 지역에 대해 새롭게 만나고 알게 된 게 많다. 40년을 넘게 살아오면서 산청의 역사와 문화에 대해 아는 것 없이 새장에 갇힌 새처럼 살던 나에게 인문도시지원사업의 지역학 연구회는 새장 밖 세상을 보여 주었다. 해마다 피는 매화꽃에도 역사의 흔적과 이야기가 있음을 알게 되었고, 눈앞에 보이는 경호강의 아름다움도 보게 되었다. 모든 것이 가치 있는 보물이었다. 이런 귀한 문화자원에 대한 무관심으로 역사적인 가치를 모르고 있었던 지난 시간에 대